澤庵丁——著

迴盪在西門町的歌聲

紅包歌星的故事

目次

（依姓氏筆畫排序）

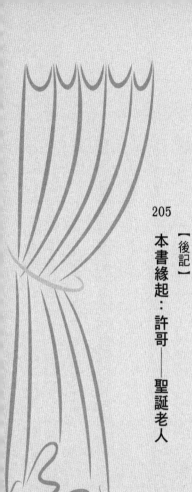

【前言】動盪時代撫慰人心的歌聲

自一九七〇年代，台灣接連發生許多大事，一波又一波衝擊著國內的政情，使得自一九四九年國府遷台後的局勢，持續陷入驚濤駭浪之中。

一九七〇年一月五日，彭明敏在友人協助之下逃離台灣，在瑞典現身。此乃「台獨派」或支持者的重大勝利，主張「台獨」者信心大增。

一九七〇年四月廿四日，「美國台灣獨立聯盟」成員黃文雄與鄭自才二人刺殺正在紐約訪問的蔣經國未果，二人當場被逮捕。

一九七〇年起，蔣經國逐步接班。黨禁、報禁、髮禁、舞禁持續實施中。依然禁止示威遊行、禁止新設民營電視台與廣播電台，並限制方言（台語）在電子媒體播出時間。

一九七一年十月廿五日，中華民國宣布退出聯合國。

一九七二年二月廿一日，美國總統尼克森赴北京訪問。

一九七二年二月廿八日，美國與中華人民共和國簽訂「上海聯合公報」。

一九七三年十月六日，爆發第一次石油危機。

一九七三年十一月，蔣經國宣布進行十大建設，帶動全國經濟活絡，刺激消費生產。

一九七四年，美國總統尼克森因為「水門案」下台，由傑拉德・福特繼任總統。

一九七五年四月五日，蔣介石總統逝世。

一九七五年四月廿九日，蔣經國就任中國國民黨主席職位。

一九七五年十月卅日，越戰結束，北越共產黨宣布統一越南全境，美軍倉皇撤離所有軍職文職人員，時任越南總統楊文明投降。

一九七七年十一月十六日，由於桃園縣長選舉過程中發生作票舞弊疑雲，中壢事件爆發。

一九七八年十二月十六日，中華民國與美國斷交。美國政府並宣布將於一九七九年一月一日與中華人民共和國建交。時任美國總統為吉米・卡特。

一九七八年十二月廿六日，爆發第二次石油危機。

一九七九年十二月十日，爆發高雄美麗島事件。

一九八〇年二月廿八日，發生林義雄宅滅門血案。

一九八一年七月三日，發生陳文成命案。

一九八四年十一月十二日政府發動「一清專案掃黑行動」，逮捕黑道人士四千餘人。

這次掃黑行動也掃出一個震驚全球的大新聞：中華民國政府情報部門，吸收並派遣黑道人物前去美國加州舊金山市華埠，刺殺華裔美籍作家劉宜良（筆名江南）。由於江南身分敏感又是美國聯邦調查局的運用人員，美國非常重視此案。隨著案件明朗化，美國施加壓力打破了時任總統蔣經國安排其次子蔣孝武的接班計畫。當時蔣經國因糖尿病身體欠佳，其子蔣孝武擔任「國家安全會議」執行秘書職務，已實際掌控情治系統。蔣經國於一九八五年八月公開宣布日後蔣家人不能也不會擔任中華民國總統。

一九八八年一月十三日，蔣經國辭世，享壽七十九歲。其弟蔣緯國時任「國家安全會議秘書長」，協助李登輝順利繼任總統接掌國政。

在這些國內國際大事持續發生時，全國人民對於經濟發展成長及景氣的樂觀預期依然堅信不移，生活的目標與重心在於賺錢改善生活，提升精神境界。在這樣的大環境下大家對政治較為冷淡漠然，思想、言論、行為亦採取謹慎封閉收斂的態度。然而苦悶低落的情緒，需要一個出口以宣洩紓解精神上、心理上及工作上的壓力。

「群星會」對社會的貢獻

民國五十一年十一月八日是個特別值得紀念的日子。這天，台灣電視公司開始播出歌唱綜藝節目「群星會」。

「群星會」的製作人是關華石、慎芝夫婦，關華石先生是樂隊指揮與小提琴手、著名音樂家。慎芝女士是名詞人，也是「群星會」主持人、領航者，是節目的靈魂。「群星會」綜藝歌唱節目的開播，對台灣歌唱界演藝界的正面影響持續至今。

「群星會」邀請學有專精、聲樂功力深厚的歌星演唱悅耳動聽的歌曲，並發掘有實力有潛力的歌星展現才藝，是至今猶令人念念不忘的優質節目。但是「群星會」對台灣社會最大的貢獻是撫慰人心、救贖了無數苦悶的靈魂。對許多因為白色恐怖而妻離子散、家破人亡的家庭而言，對無數少小離家老大猶不能回的外省族群來說，「群星會」眾多歌星的歌聲撫慰了他（她）們的傷痛，紓解了他們的鄉愁，這正是關華石先生、慎芝女士二人功德無量之所在。

在保守肅殺的年代，歌聲所發揮的作用太大太神奇了。有些歌曲的韻律慷慨激昂震撼人心，搭配鼓舞士氣振奮人心的歌詞，令人聽後血脈賁張熱血澎湃。有些歌曲的音律如泣如訴哀怨動人，歌詞也是哀婉淒切扣人心弦，聽來不免心情沉重黯然神傷。在歌聲的潛移默化之下，不知不覺地化解了心中的傷痛，淡化了長久以來因為政治事件所形成的官民對立、省籍情節，也凝聚了對腳下這塊土地的向心力與認同歸屬。而外省族群則更加堅定了「反共必勝，建國必成」的信念，對於「反攻大陸高奏凱歌」此一神話有著無比的信心。

足堪後世效法的典範

「群星會」對台灣社會的另一貢獻是維繫優良傳統文化、發揚善良社會風氣。這不是封建八股的宣傳口號，也不是迎合當時正在推行的「中華文化復興運動」（民國五十六年七月廿八日成立中華文化復興運動推行委員會，蔣介石總統領銜推動各該相關活動。）的節奏，而是腳踏實地身體力行的實踐著，並且對社會大眾產生示範作用。

「群星會」共播出一二八三集，至民國六十六年三月廿九日停播。除了〈讓人間充滿新希望〉（「群星會」片頭歌歌詞）之外，還給業界與台灣社會留下許多足堪效法的典範。

「群星會」開播期間，主持人慎芝女士規定甚嚴，除了要求登台演出的藝人們必須穿戴整齊不可奇裝異服，在演唱時不可有輕佻不雅的肢體語言，還要求大家注重儀表台風，展現出高貴優雅端莊大方、紳士名流名媛淑女的風範。此外歌星們所演唱的也都是經過篩選的雅俗共賞、激勵人心的歌曲，唱出那一個時代的心聲吶喊，及大家的憧憬希望。

由於風氣使然，藝人們原本就自律自重愛惜羽毛，再經由慎芝女士耳提面命面授機宜後，大家在日常的言行舉止就更謹言慎行潔身自愛，處處表現出高貴的風度教養，不僅塑造個人魅力也確立了業界整體形象。

再者，藝人們原本就很爭氣，慎芝女士追求完美的性格更激勵了藝人們的好勝心，自動自發學習各類課程以充實精進才藝，增進內涵。有人再度拜師學習聲樂、演唱技巧，也有人學習美姿美儀，還有人學習樂器、舞蹈，最多的是閱讀，讀書不僅可以變化氣質，還可以明白做人的道理及掌握人際關係的分寸、精髓。總之大家自我惕勵自我要求，要將最好最精彩的一面展現在國人面前。淬勵奮發的風氣成為圈內優良的傳統，如聖火般一棒一棒的傳給後來業界的新血。

「群星會」播出期間，國內歌壇掀起一陣國語流行歌曲的高潮，不論流行歌曲、抒情歌曲、藝術歌曲、愛國歌曲均於此時大放異彩，一些絕跡已久抗戰時期三〇年代的老歌也重現江湖跟著流行起來。

「群星會」陪伴著老中青三個世代的台灣人度過那段鬱悶苦澀的日子，也見證台灣經濟發展的奇跡，「群星會」的點點滴滴已經內化為台灣人生命中無法磨滅的記憶。

「群星會」播出期間棒紅了許多歌星，成為東南亞地區國家如星、馬、泰、菲、越、港、印尼、等地主國當地歌廳或夜總會業者競相聘請的熱門人選，也是台灣本地的夜總會、大歌廳等現場表演的台柱。許多歌星從「群星會」崛起，開始了他（她）們的黃金歲月，成為國內歌廳及西餐廳業者炙手可熱的鎮店之寶。於是，曾經在「群星會」演出的經歷成為藝人重要的資產，曾經在「群星會」演出過的歌星彷彿喝過洋墨水，鍍了金似的，形象、風評、身價水漲船高，高人一等，是經過認證的品質保證，「群星會」遂成為金字招牌，是大家公認的正字標記。

在「群星會」播出的十六年期間，其他類型的休閒方式也開始出現在眾人眼前。

自從由凌波和樂蒂二位女星所主演的《梁山伯與祝英台》（一九六三年邵氏電影公司製作）上映之後，黃梅調歌曲即風靡全台大街小巷，人人朗朗上口，隨後瓊瑤女士創作的愛情文藝小說及改編上映的電影亦攫取無數青春期莘莘學子的心，令人手不釋卷，而崔小萍女士製播的廣播劇更是膾炙人口，成為每天必定收聽的空中節目，又有後來居上的楊麗花歌仔戲流行全台，掀起歷久不衰的熱潮。自此休閒娛樂的方式百家爭鳴、百花齊放。

歌廳在西門町的崛起

民國五十年政商名流陳大把、朱良鈞、鄭祖光三人，在西門町成都路昆明街口的國賓戲院二樓開設「國之賓」大歌廳，這是台灣有正式歌廳的初始，也是台北市政府所發出的第一張歌廳執照。

「國之賓」場地寬敞裝潢華麗，耗資千萬進口高級音響和舞台燈光，增添氣氛加強效果，而技藝精湛的樂隊老師及紅極一時的歌星們更是吸睛亮點。「國之賓」每天高朋滿座，座無虛席，成為西門町的主要地標之一。「國之賓」獨佔鰲頭稱霸西門町七年之後的民國五十六、七年間，西門町突然雨後春筍般興起「歌廳熱」，新開業數家豪華大型歌廳，其場地、設備、規模、歌星均足與「國之賓」分庭抗禮不分軒輊：

一、麗聲大歌廳（中華路衡陽路口，一九六八成立）

二、七重天大歌廳（漢中街一一六號，開業日月一九六九年）

三、夜巴黎大歌廳（武昌街二段，約一九六九年開業）

四、日新大歌廳（武昌街二段，約一九六九年開業）

五、鳳凰大歌廳（峨眉街今日世界大樓）

這許多歌廳均有自己的專屬歌星，也都有各自傲人的王牌、鎮店之寶。在群星會演唱後走紅的歌星，泰半被西門町歌廳的老闆重金禮聘前來演出。歌廳與歌星簽約，限制歌星只能在簽約的歌廳登台演出，不得再去別家歌廳「兼職」或「客串」演出（俗稱跑場），但電視台與廣播電台的演出不在此限，所以電視機前的觀眾欲觀賞「群星會」中所仰慕心儀歌星的風采，就只能御駕親征這些歌廳方得拜睹廬山真面目。那個年代的歌星就像是高掛在天空的星星般可望不可及，再如何仰慕、欣賞、心儀也只能望天興嘆！現在好了，只消茶水錢便可近距離一窺風采得識迷人的芳顏，那還不造成轟動？所以各家歌廳每天開門營業前，都是萬頭鑽動熙熙攘攘，途為之塞。

所謂「王牌」歌星，泛指經常在廣播電台獻聲歌唱，或經常在電視台的娛樂性節目中露臉，歌藝、歌喉備受推崇肯定並散發高貴優雅的風采魅力、又具有極佳風評形象、而廣受社會大眾喜愛歡迎之男女歌星或藝人。

除了前述幾家豪華大歌廳之外，也有些不是那麼豪華或規模氣派略遜一籌的中大型歌廳，趕上這個風潮趁勢崛起，並且歷久不衰地創造了傲人佳績，使得西門町及周邊地區更為熱鬧繁榮。

他鄉做故鄉・望斷歸鄉路

民國三十七、八年間跟隨國民政府播遷來到台灣的大陸籍人士中，大部分是隨著機關或軍隊孤身一人來台，僅有極少數人攜眷同行。這些單身的大陸籍人士心繫老家的親人、家園，一心只想儘快反攻大陸重返家園與親朋故舊相聚，所以沒有在台灣長居久留落地生根的打算。

不料日子一天一天過去，反攻大陸收復國土的口號喊得震天價響，卻始終未聞反攻大陸的號角響起，就這樣幾年過去了，又幾年過去了，當初來台的青壯年已開始兩鬢泛白，跟隨軍隊來台的少年兵及流亡學生們也都近而立之年。大家的共同疑問是何日是歸期？至民國五十三年十月十六日共產黨統治下的大陸將自主研發的原子彈試爆成功（核分裂），又於民國五十六年六月十七日再度氫彈試爆成功（核融合），消息傳來讓大家的心情更為低落，眼神更為黯淡了。於是這些心繫故園的浮雲遊子逐漸地認清並接受事實，將他鄉做故鄉，從此，夜夜望斷歸鄉路。

短期內故鄉是暫時回不去了，但思鄉之情卻是日甚一日未曾稍減，唯有寄託歌聲與家鄉味饌食方得紓解鄉愁。歌聲除了撫慰遊子的思鄉之情，亦是凝聚人心，歸屬認同的符號。歌聲將這些北望家山的遊子的心緊密地凝聚成群，彼此相濡以沫互相慰藉，於是產生群聚效應，越來越多的大陸籍人士不論在職或退休均有默契地往西門町聚集，然後分散在各個歌廳西餐廳內，既是同鄉袍澤聚會也是消磨時光，成為心情晦澀低落的日子裡，互相鼓勵打氣支撐著彼此努力活下去的動力。歌廳、西餐廳遂成了精神的依託，心理的歸宿。

性觀念解嚴・情色產業崛起

戒嚴時期某些禁忌不可觸碰以免惹禍上身，但政府在休閒娛樂領域開了一扇窗，讓平民百姓在辛勤工作的餘暇時間可以紓解壓力調劑身心，或者說，沖淡麻痺當時肅殺蕭瑟的政治氛圍。總之，在政府有意放水的情況下，新潮大膽又開放的娛樂休閒產業如潮水般迅速在全台大行其道，這也是經濟發展的必要之惡。

民國六十年初期中南部地區即已出現流動式歌舞團，此類歌舞團以舞娘穿著清涼養眼為號召，短期內即盛行全台擁有大批觀眾。幾年後約在民國六十五年左右出現進化版的歌舞團，演出更為大膽開放辛辣，此即是俗稱「牛肉場」，以摧枯拉朽排山倒海之勢橫掃其他娛樂業，稱霸逾十年。

緊接著依序竄起風行的休閒娛樂業是：

一、黃色小電影與A片錄影帶。

二、地下舞廳與地下舞場。

三、電動玩具遊樂場。

四、伴唱帶式KALAOK（卡拉ＯＫ）歌場。

五、餐廳秀式豪華西餐廳秀場。

前述的黃色小電影與電玩遊樂場僅僅曇花一現，沒幾年光景就被市場淘汰（小電影、錄影帶）或被警方掃蕩淨盡（電玩遊樂場），唯有地下舞廳、舞場，以及卡拉ＯＫ持續生存至今。值得一提的是豪華西餐廳的餐廳秀，自從政府於民國七十年宣布開放西餐廳得附設舞台供藝人演出以來，原本自民國六十七年起即已興起但妾身未明的餐廳秀倏地遍地開花，站上了娛樂業正統兼主流的地位。大張旗鼓地在全台公開演出，掩蓋了其他秀場型式娛樂業的光芒，與牛肉場分庭抗禮，逐鹿休閒娛樂業的桂冠。

群星會與傳統歌廳功成身退

傳統的歌廳業長期受到動態的、靜態的新興辛辣休閒娛樂業鯨吞蠶食，或圍攻夾殺之下受創最重，昔日喧騰甚久令人難忘的「群星會」亦因收視人口減少而停播。傳統大型的豪華歌廳與「群星會」完成了時代使命，帶領並陪伴台灣人共同度過了那個令人刻骨銘心的年代。於是傳統形式的豪華大歌廳便逐一退出市場，約民國六十七、八年左右，吹響熄燈號，而中大型平價親民式歌廳仍在苦撐，以拖待變。十年後果真絕地逢生再度活躍起來。

民國七十二年行政院長孫運璿下令掃蕩電動玩具遊樂場，民國七十四年警方開始取締歌舞團、牛肉場，民國八十年後餐廳秀已是強弩之末，至民國八十四年身為餐廳秀重鎮的高雄市藍寶石大歌廳歇業，正式宣告近二十年來喧喧嚷嚷的休閒娛樂業畫下休止符。而這些已經消失的行業如歌舞團、牛肉場、餐廳秀、電玩遊樂場等的消費人口又迴流至傳統的娛樂業如電影院、歌廳的懷抱。

倖存苦撐待變的歌廳業者終於迎來了第二個春天，彷彿通過生死考驗的涸轍之魚，歷盡煎熬盼到甘霖而涅槃重生，然後脫胎換骨地在全台各地復甦活躍，較之前一波大型豪華歌廳群之盛況尤為蓬勃興旺，據統計僅在台北市西門町彈丸之地即有十六家歌廳同時營業，這還不包括附設舞台供藝人演出的西餐廳在內（如芳鄰餐廳等），於此可見歌廳業之盛況。

儘管在這段期間之前後，國際上持續發生許多大事，如以阿戰爭及石油危機（一九四八年第一次以阿戰爭——一九八〇年第二次石油危機）、越戰（一九五五——一九七四）、以及美國反戰運動（一九六五——一九七五）、嬉皮（一九六〇——一九七〇）、搖滾音樂（一九六〇——）等的興起，國內也發生「地下投資公司吸金案」（一九八一——一九八九）「十信人頭冒貸超貸案」（一九八四年十二月）等金融風暴，所幸政府應變有方處置得宜，這些國內外發生的、進行中的大事無損國人同胞的信心，大家堅信在蔣經國總統的領導之下，人人前景可期，前途無量，所以台灣的工商業發展暨各行各業持續的成長進入高峰期，景氣升騰，熱錢四溢，人人都賺錢，人人敢花錢，就在這樣的時代背景下，支撐了同時期百花齊放的各類娛樂休閒事業的興旺壯大。

這波興起的歌廳業者，把握著千載難逢的機會秣馬礪兵整軍經武，認真敬業地經營事業，為消費者提供細致貼心的服務，並適度開放台上台下歌星歌迷的互動交流，創造了歌廳業的另一個盛世、另一個春天。這個盛世、春天持續迄今超過三十年，也一直居於娛樂界中流砥柱的地位。

這個階段歌廳的消費者主要是以外省籍現職或退休軍公教人士為主，其中又以退休的榮民老兵居多。許多賺人熱淚的故事也都是在這個時期的歌廳內發生。

歌廳業者涅槃重生之後，一晃眼三十多年過去了，面臨一個盛極而衰的輪迴。關門歇業轉型改行的歌廳漸漸多了，現在的西門町只剩下三家歌廳持續營業，分別是：

鳳凰大歌廳：台北市漢口街二段54號二樓

金色年華大歌廳：台北市漢中街42號六樓

星光百分百大歌廳：台北市漢中街42號七樓

儘管各家歌廳的歌星歌手們努力敬業演出，但各家歌廳的營業狀況普遍不理想，生意欠佳，無論歸咎什麼因素，賓客止步繁華落盡的源頭還是在於人的問題。

各家老闆不妨深思：

一、是否客人良莠不齊造成劣幣驅逐良幣？

二、是否歌手的歌藝歌喉欠佳無法引起賓客共鳴，無法產生讓賓客「流連忘返」的效果？

三、是否歌手在訪檯時討紅包的口氣態度不佳致使賓客厭惡反感？

筆者確實曾遇到不識相死纏爛打的歌手，彷彿討債似的討紅包，鍥而不捨的精神令人敬佩，卻也無形中趕走許多客人，少數害群之馬即足以影響全體，身為老闆者不可不慎。

國共內戰時（一九四六到一九四九年），兩百萬人渡海來台的民族大遷徙的歷史故事中，歌廳是不可或缺的一環，扮演了重要角色。不論是初期開端的豪華型大歌廳或是後來衍生的改良型紅包場歌廳，都親歷並參與了那個偉大時代的美麗與哀愁，也見證了台灣經濟發展的奇蹟。

一部歌廳史彷彿是那個大時代的縮影，承載著無數人的悲歡離合，也上演了一幕幕感人催淚的故事，而歌星們所演唱的懷舊老歌神似故鄉親人的呼喚，撫慰了離鄉背井的遊子，也紓解了焦慮躁動的鄉愁。

文末，要謝謝所有歌廳的業者與工作人員協助這本書的完成；謝謝所有的歌星們，是他（她）們的歌聲救贖並撫平了無數苦悶的靈魂。

二〇二〇年五月十三日

王少卿

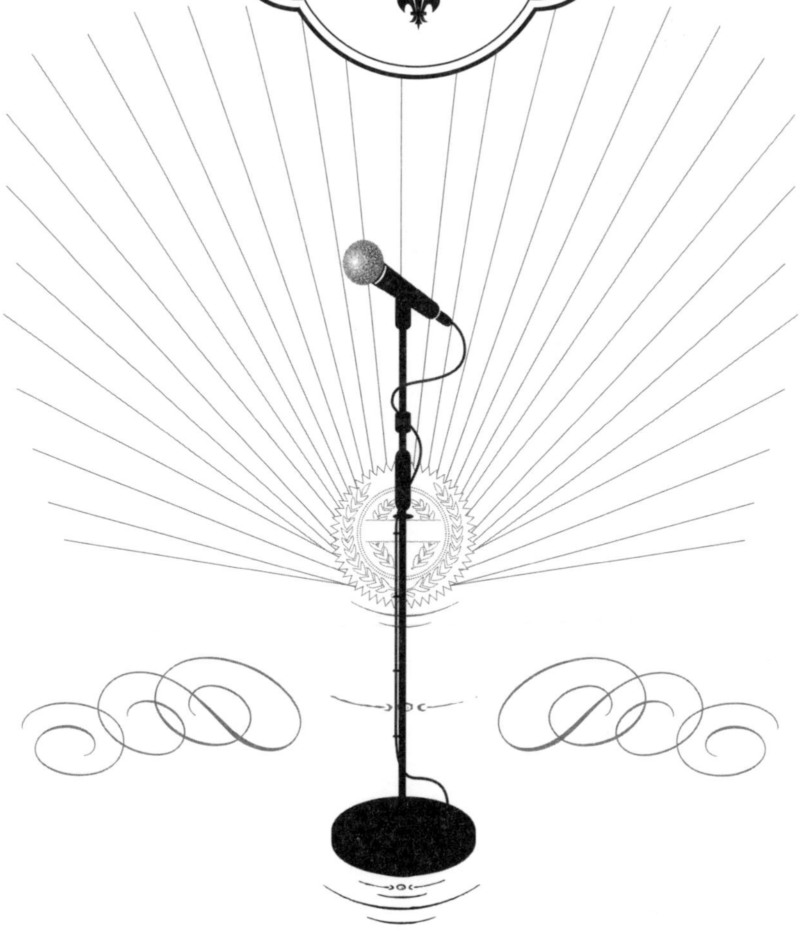

王少卿

具備俠義心腸的巾幗英豪

王少卿從小就愛唱歌，也很能唱。在家聽收音機的時候跟著唱就學會了不少國語老歌，唱得有板有眼、有模有樣，街坊鄰居都讚賞不已。後來家裡有了電視，王少卿專門看歌唱性娛樂節目，尤其是台視的「群星會」對她影響最大，王少卿不但學著唱，更模仿歌星們的台風、台步、應對、禮儀，自我訓練要達到「群星會」舞台上的歌星們那樣的風采魅力。

國中時期就參加歌唱訓練班拜師學藝，除了樂理、唱歌還學習唱腔與換氣等基本功，十五歲時考取歌星證，證明了歌唱的實力，後又代表高雄市參加中視歌唱比賽。

高中暑假時打工，至高雄市金都樂府大歌廳（現址中國信託大樓，一九六四—一九七三年，高雄市第一家夜總會歌廳，前鎮中正四路168號），客串演出獲如雷掌聲，歌廳上下一致讚揚唱得好！打工時一位高知名度前輩歌星賞識王少卿，介紹她到西門町的國之賓大歌廳演出，佳評如潮，也堅定了王少卿北漂大台北闖蕩歌唱界的信心。

十八歲時王少卿考取華視於一九七五年主辦的基本歌星訓練班第一期，畢業後由華視簽約納為旗下基本歌星，定期參加華視節目的演出活動。

華視歌星訓練班甫畢業，王少卿即由經紀人安排分赴日本各大夜總會演唱國語歌曲與日本歌曲，每每「安可」再三方得謝幕。

由於王少卿的音色佳、嗓音高，能飆上非常高的音階，一些高難度的歌曲都游刃有餘，而日本的聽眾歌迷們也都懷念戰前三十年代流行的老歌，這也正是王少卿最拿手的歌曲。在旁人看來這種鎂光燈下掌聲如雷的日子很風光很愜意，但對於正值青春期的少女王少卿來說卻頗有活受罪被禁錮的感覺。王少卿是由經紀人安排來日本演唱，在二十歲之前都由母親陪同赴日。由於王少卿不諳日文日語，也只能說些簡淺的寒暄客套話，到日本後現場演出的出場白還是向人現學現賣的。所以王少卿在日本演唱期間除了去夜總會演唱之外只能待在旅館內看電視或背誦日語歌詞。看電視，不知所云，離開旅館也無法與人溝通，所以只得壓抑這顆驛動的心，放棄外出探險遊覽的打算，乖乖的留在房間內啃日文，這是少女王少卿在日後回憶中最為懊惱悔恨的事。

日本政府發給的演唱簽證是三個月，可以延期一次，也是三個月，所以王少卿每次赴日演唱時間長達六個月。

年輕的美少女王少卿前後四次赴日演唱，有部分歌迷將鮮花送至下榻的旅館，欽羨之情表露無遺。受限於日語程度及演唱合約規定，王少卿無法與日本歌迷近距離接觸交流，對於歌迷們的熱情與愛護，這情意這恩情，王少卿只能感激在心、深埋心底。

歸國後的王少卿也沒閒著，又馬不停蹄地到西門町演唱，先後在鳳凰大歌廳、六福大歌廳、神仙窩西餐廳、帝王西餐廳等多處登台演出，同樣受到歡迎。

在那個時期，山海關西餐廳與白金西餐廳最注重駐唱歌星的歌藝，對於旗下藝人的要求甚嚴。倘若僅外貌美艷而歌藝太差，又沒其他演藝才華如樂器或舞蹈，老闆是不會邀請登台的，如果相貌平平而歌藝佳，或具其他演藝才華，老闆也會禮聘其登台表演。換言之，必須具有相當的聲樂歌藝水準才會被老闆接受。歌藝太差，僅靠一張臉蛋就想在西門町混飯吃，門都沒有。

另一種情況是，某些歌星的歌藝在水準之上，雖不是國色天香的美女，但氣質風韻亦頗有可觀之處，如果嘴巴甜一些人緣好一些，能窩心體貼的與賓客互動讓客人感受到溫馨與歸屬感，這樣的歌星也是老闆歡迎的對象。

王少卿得天獨厚既有一副好嗓子唱的歌好聽，台上的扮相也煞是有魅力，金錢方面更是慷慨大方，不小氣不計較，做人處事也是輸財仗義直來直往，十足的俠女作風，或者說是個俠義心腸的巾幗英豪，所以王少卿與同事和觀眾相處的不錯。

王少卿在西門町久了，熟識了許多叔叔伯伯，交流互動完全無障礙無窒礙，也了解、摸透了大部分歌迷的心理。王少卿總結歌星們與客戶群的交流情況，歸納為三種型式：

第一類是：客人將歌星當做女兒看待，關心、溺愛、照顧，如父親般。

第二類是：客人將歌星視同家人，關心、關懷、隨興、自主，如長輩兄長般不拘謹。

第三類是：將欣賞仰慕的歌星當做夢中情人看待，噓寒問暖之外即發乎情止乎禮，不會吐露心聲告白對方，只是將情意埋藏心中，行為上更保守拘謹絕不逾越道德禮教的分際，僅僅如此而已。

王少卿最感念的一位客人是個生意人長輩，長輩的子女長大後各自離家，他的妻子也已經過世，孤身一人的長輩邀請王少卿與媽媽同往居住，自己有伴不孤單，又可彼此照應，就這樣如家人般共同生活多年。每天，長輩都會為王少卿準備椰子水，並且陪同王少卿至西門町上班，自己隨後也去上班——至歌廳聽歌。他把她當作女兒，像個溫暖的父親一樣。

另一位榮民伯伯是王少卿的乾爹，同時也認了另外四位歌星為義女。乾爹在西門町的眾多西餐廳圈子內小有名氣，是很受歡迎的客人，長期與義女們維持著父女的情誼，很受歌星們敬重。乾爹過世的告別式上，義女們披麻戴孝以家屬身份跪姿答禮，恪盡女兒本份。此事在圈內流傳甚廣，人人盛讚歌星孝女重情重義。王少卿表示自己對滴水之恩向來湧泉以報，從未稍忘曾經的恩人與貴人。

筆者另有採訪圈內其他歌星與工作人員，曾探詢王少卿其人其事的風評，凡述及王少卿者咸稱頌不已，可見王少卿平日做人的成功。

知名資深歌星李芊慧在西門町闖蕩三十年，曾在多家西餐廳登台演出，也常在豬哥亮的餐廳秀節目中演出，迄今仍時常受邀赴國外表演，所認識、合作過的歌星超過兩百位，她說至今尚未見過有哪位歌星比王少卿更有胸襟跟肚量，其心胸之寬大無人能及。此外，她未曾聽過有關王少卿任何的負面評語，有關這一點，在這圈子內是極為難能可貴的事。

王少卿在西門町演出期間也經常應邀前往東南亞各國演出、宣慰僑胞。

某年（約為亞洲金融風暴時），王少卿赴馬來西亞吉隆坡演出，某晚，有熱情華僑駕駛新款雙門跑車載王少卿與王媽媽回下榻的旅館。旅館位於新加坡與馬來西亞的邊境城市新山市內。不是很大型很熱鬧的城市。賓士車到達旅館門前，正副駕駛座上的二人下車欲移動座椅俾便後座的王少卿與王媽媽下車。不料二人甫下車尚未移動座椅，即竄出五名持刀歹徒將二人亂刀砍殺一通，棄置旅館門前不顧，五名歹徒硬擠上車急駛離去。三名歹徒擠至後座出言恐嚇，將王少卿與王媽媽隨身所帶金錢珠寶飾物收括一空，車行至歹徒覺得安全之處，將王少卿與王媽媽趕下車後揚長而去。

王少卿與王媽媽二人報警求救，回到旅館時該二名遭歹徒砍殺之熱情華僑已被送醫急救。王少卿與媽媽立即束裝返台從此不敢再踏上馬來西亞的土地。後來得知該二名華僑獲救，保得一命。幾年後該二名華僑痊癒，搭機來台尋找王少卿，大家見面恍如隔世，連稱命大互擁慰藉。王少卿盛情款待二人，這樣的交情維持了一陣子，可惜他們回國一段時間後就失聯，至今無法再連絡上，王少卿對此感到遺憾。

小學五年級時的照片。
（以下照片均由名歌星王少卿提供。）

國中時期照片，已使用藝名王曉菁。

約 20 歲出頭時拍攝。

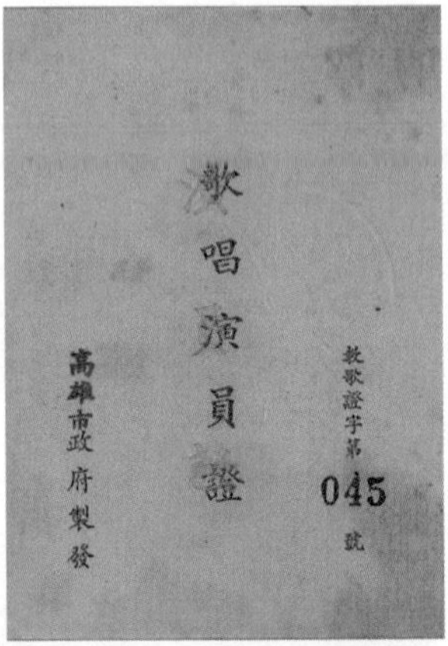

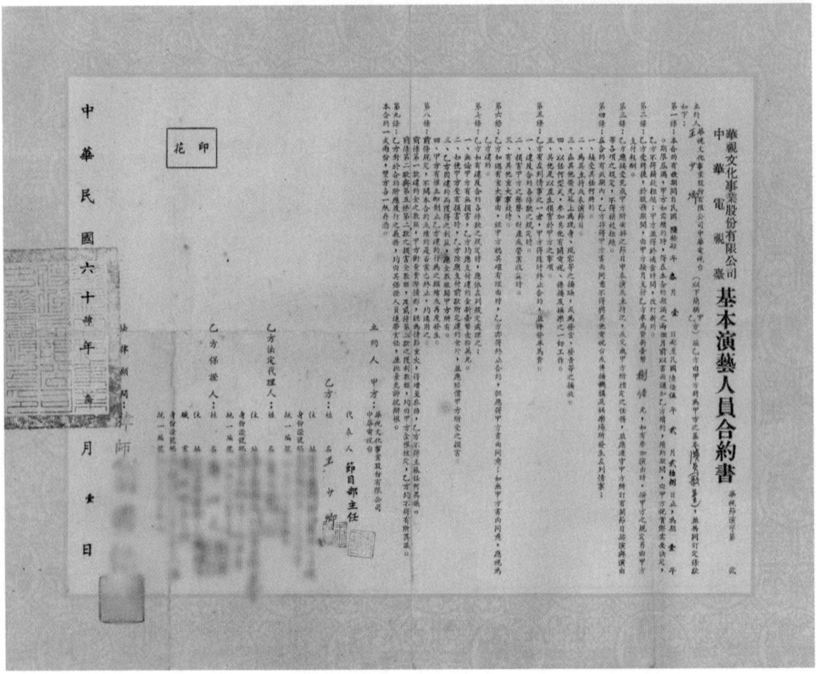

上圖：當年的「歌唱演員證」，必須有此證才能登台表演。
下圖：1975 年與華視簽約之「基本演藝人員合約書」。

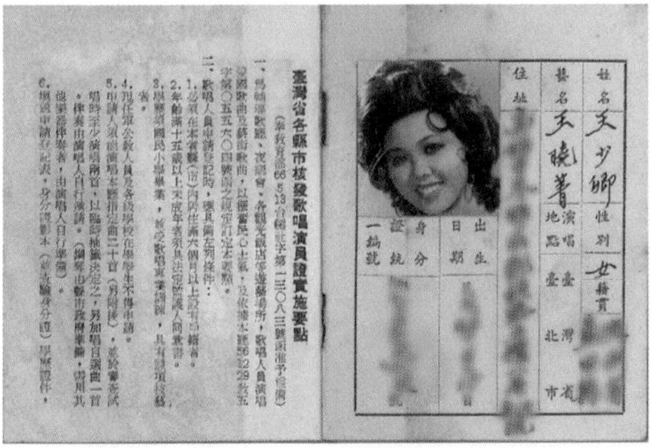

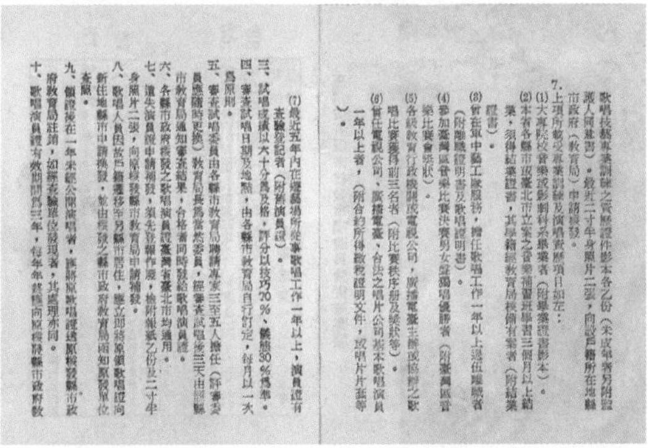

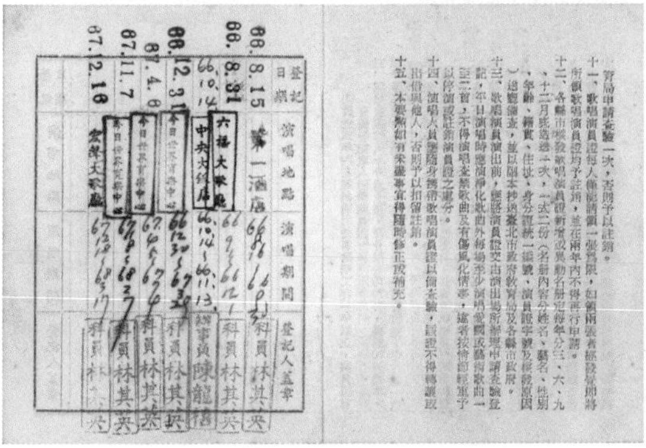

歌唱演員證實施要點列表，手冊詳細記載表演規範，並包含演出紀錄。

王少卿在山海關西餐廳表演時的海報，也有吳靜嫻和歸亞蕾。

歌壇風光

▲有「高音歌星」頭銜的青春玉女王小菁，又名王曉菁，（如圖），崛起南部高雄歌壇，走紅「今日歌劇院」「藍寶石」大歌廳「金都樂府」，擁有廣大的歌迷聽眾，上月由高雄到台北來闖天下，經「國之賓」大歌廳羅織為旗下台柱歌星，一曲「一朵小花」「霧中花」「我要你忘了我」「凱旋歌」，博得台下滿堂雷動掌聲。

聲譽海內外的紅歌星「四川嬌娃」郭淑宛，頗為賞識王小菁的歌藝，亦特地從「環擊」觀光大歌廳夜場休息時間趕到「國之賓」台下來助陣，鼓舞有加，難能可貴。

《歡樂雜誌》左下角報導，當時藝名為王曉菁的王少卿。

中華民國七十五年一月十二日　民族晚報

不甘心「就這樣過了一生」

張瑠瓊盼有傑出表現

唱紅「王昭君」金嗓受矚目

王少卿得意「西門町」

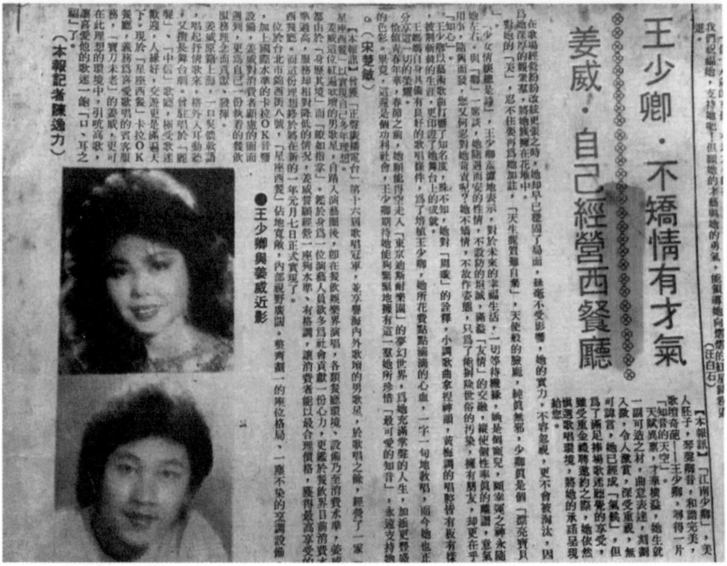

王少卿・不矯情有才氣

姜威・自己經營西餐廳

●王少卿與姜威近影

上圖：1986 年的民族晚報，關於王少卿的報導。

下圖：媒體報導王少卿的剪報。

17 歲時於台北國之賓西餐廳表演。

拍攝於生日時，手裡拿著賓客送的紅包。

生日時的表演，得到許多紅包與祝賀。

生日時與其他歌手一起站上舞台表演。

生日時所攝，身上掛著鈔票串，以釘書機固定為賓客所贈送。

上圖：在新加坡慈善晚會合唱，台上七人，左右為主持人，
中間五位是歌手，右二為王少卿、右三為康雅嵐。
下圖：生日時的表演，其他歌手在後方伴舞。

上圖：與康雅嵐（左）合演《梁祝》，大約 2000 年左右。
中圖：2000 年在新加坡的節目受訪，右邊為主持人。
下圖：歌廳週年慶節目中扮成原住民演出。

右上圖：「鳳凰大歌廳」在台北市漢口街的招牌。
左上圖：「鳳凰大歌廳」通往二樓入口處。
下圖：西門町獅子林大樓的「金鑽石音樂大舞台」，
提供客人歡唱卡啦 OK，也曾請歌手上台表演。
西門町歌廳場景。（林劭璜／攝影）

王少卿為筆者示範舞台上歌星出場的基本動作：

首先以優雅的台步由幕後或側邊行至舞台中央，以優美的儀態站定後，眼波流轉迅速巡視台下賓客，並露出甜美笑容面向賓客深深一鞠躬，同時說：「歡迎您的光臨，我是○○○，我為您帶來第一首抒情歌曲△△△△△△，希望您會喜歡。」然後樂隊奏樂，開始演唱。或者以如下開場：「各位來賓，歡迎光臨，我為您帶來一首輕快的曲子△△△△△△，請慢慢欣賞。」然後樂聲響起開始演唱。

唱罷，也是深深一鞠躬，然後說：「謝謝您的掌聲鼓勵，希望您有個歡樂時光。」然後為微一頷首，以優雅的台步走向幕後。

王少卿說，別小看這出場離場的動作、程序，這是給來賓的第一印象，至關重要，優雅穩健的台風會讓來賓產生好感，有著正面積極的效果。

為了走好台步以及美化自己的儀態、台風，王少卿可真是下了功夫苦練好長一段時間，她在華視訓練班受訓，每週上課六天，為期長達半年，課程嚴格，不僅是美姿美儀，也包括作曲、作詞。

王少卿於帝王西餐廳演出時應邀入股，未幾股東改組，王少卿成為西餐廳的經營者，經營一段時間後轉手他人，受邀至金宮西餐廳演唱。也是股東退出，王少卿接手入股，後來由她一人安排歌星的歌唱和演出，獨立經營十五年後轉讓給別人。王少卿在獨立經營金宮西餐廳期間，鳳凰大歌廳的老闆找上她，希望王少卿接手鳳凰大歌廳，於是王少卿又成為鳳凰大歌廳的老闆，從此經營兩家歌唱西餐廳。後來景氣不好，金宮西餐廳走下坡，王少卿便將金宮與鳳凰兩家歌廳的歌星與工作人員合併，全數移轉至鳳凰大歌廳。期間風風雨雨有驚無險地撐過了幾個年頭，沒有大賺也沒有賠錢。幾年前王少卿退出鳳凰大歌廳的經營，轉交他人，不再過問，也逐漸淡出西門町的歌唱界，但她心中仍感念著一路陪她走來的觀眾。

現在的王少卿開設了一個歌唱訓練班，專心教學，偶爾應邀客串登台解癮，有時也上第四台歌唱節目唱幾首老歌。二〇一九年八月起王少卿應大陸山東省青島市大型夜總會之邀，前去演出三個月，這也是她第一次踏上中國大陸，她的演出受到當地歌迷熱烈歡迎、欣賞。約滿返台之前，該夜總會老闆與王少卿續約，邀請王少卿於二〇二〇年春節前赴陸，除參與春節特別節目演出外，並繼續在夜總會演出，王少卿應允準時踐約。

但是二〇二〇年初新冠肺炎的爆發，這樣的歌唱計畫也只能延後了。

白金燕

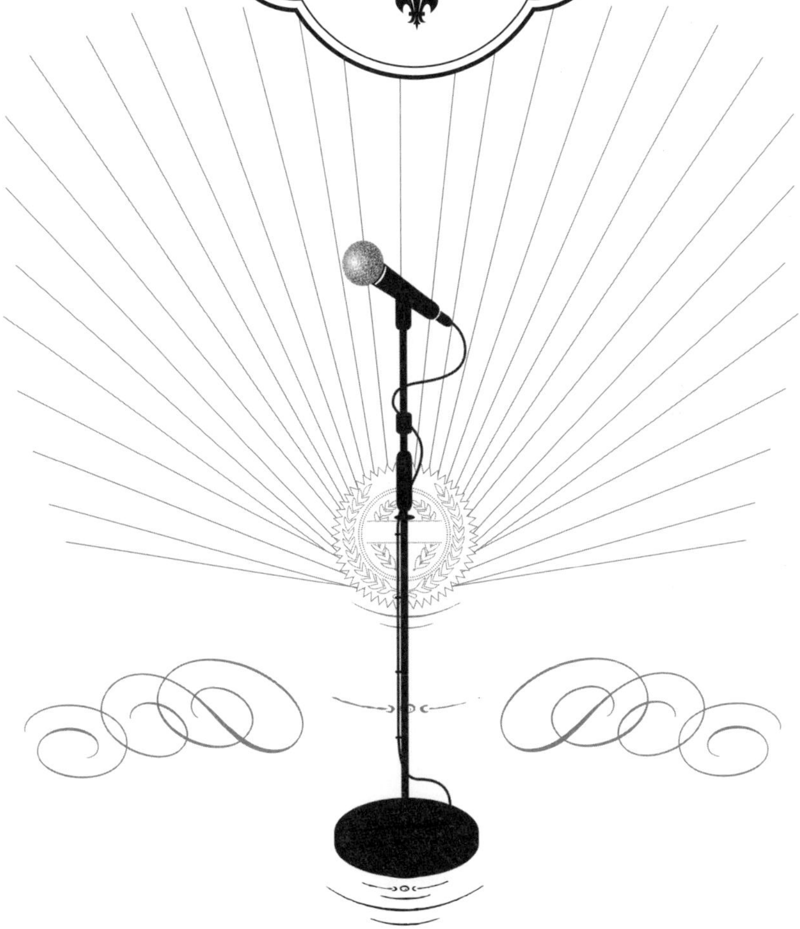

白金燕

開創「白金西餐廳」的黃金時代

白金燕在歌唱界是個富有傳奇色彩的大姐大，早期從歌星出道。在基隆與台北的歌廳演唱十幾年後，來到西門町的白金西餐廳，唱了幾年，老闆不做了，白金燕便接手西餐廳，改頭換面一番之後，開創了「白金西餐廳」的黃金時代，歌星現場登台演唱，沒有情歌艷舞也沒有歌劇魔術笑話相聲，純粹就是唱歌，而且只唱老歌，國語老歌或台語老歌。在當時餐廳界來說，有別於牛肉場、餐廳秀的多樣化，演出內容單一質樸、消費又不貴，演出的歌星與客人皆不複雜，是雅俗共賞、老少咸宜的聚會場所。依照政府規定，在民國七十年以前，僅准許領有執照的夜總會、酒店（類夜總會之中型旅館）、酒樓（大型餐飲場所）、酒家歌廳等營業場所設置舞台、表演節目，自民國七十年之後，政府放寬限制，凡有執照之餐飲業者均可設立舞台表演節目。事實上在民國七十年之前，即有許多業者偷跑設立舞台提供節目為賓客助興。

民國六十八年政府規定登台演唱的歌星都必須考取歌星證，而在白金西餐廳登台演唱的歌星，必須再通過白金燕的面試，保證了演唱歌星的歌藝水平，不至有濫竽充數的情形。而白金燕錄取聘用歌星之後，除了歌藝之外，對於歌星的言談舉止、穿著裝扮、儀態台風均有嚴格要求，以提昇這個行業的整體形象。

歌星們也很爭氣很自愛、無需老闆叨唸，自動地自發地精進聲樂歌藝的涵養，自我要求風度儀態儀容，表現出大家閨秀名媛淑女的形象，迅速地，白金西餐廳成為業界的金字招牌，歌星均以能在「白金」登台演唱為榮。

民國八十年以前的歌廳與夜總會並駕齊驅是高級的休閒聚會場所，歸國華僑或宴客後的重頭戲必然至白金西餐廳欣賞歌星們演唱老歌，重溫三〇年代上海灘十里洋場的場景與感覺。

據老牌歌迷陳金銓（台北市人，一九四四年──）敘述，白金西餐廳因為設在二樓的關係，從一樓有獨立的樓梯直達出入，非常方便，加上長期以來建立的風評形象甚佳，所以商場上的生意人時常招待客戶至白金西餐廳聽歌，來台旅遊的觀光客或歸國華僑也往往視白金西餐廳聽歌為晚餐後必不可缺的餘興節目。在白金西餐廳聽歌是人生一大享受、一人樂趣，已成為大家的共識。除了特定的捧場對象，凡來西門町聽歌的流動客，都會到白金西餐廳聽歌。

那個年代聽歌的客人皆穿戴整齊、斯文有禮，靜靜地在座位上專注聆聽台上歌星的演唱，偶有交談，亦是低聲喁喁私語以免妨礙其他客人聽歌的雅興，充分表現出高貴的教養。

歌星的歌喉音色唱腔雖有不同，歌藝上亦有些許的差異，但整體的素質而言，仍是相當出色、可圈可點。

依據音色的不同，說話時細聲細氣的細音，適合唱小調歌曲，尖銳又細的嗓音適合唱高音，也可唱中高音歌曲，若聲音渾厚低沉者就只適合演唱抒情歌曲。

一般來說，歌曲概略分類如下：

小調歌曲：鳳凰于飛、天涯歌女、月圓花好、天上人間

中音抒情歌曲：何必旁人來說媒、夢裡相思、情人的眼淚

高音歌曲：憶良人、西子姑娘、杯酒高歌、一朵小花、海燕

歌迷們依據歌星所演唱的歌曲以及其歌喉、音色而賦予桂冠。

小調歌后：官鴻雁、李思萍

黃梅調歌后：陳麗卿、林羽秋

高音歌后：王少卿

台語歌后：錢愛真

日語歌后：錢愛真、白祐芯

娃娃歌后：李芊慧

抒情歌后：吳靜嫻、翟曼芳
青春歌后：鄭天惠（又稱動感歌后）
玉女歌后：陳芸
美艷歌后：崔苔菁
冷豔歌后：趙曉君
冰霜歌后：邱羽菲
淚眼歌后：姚蘇蓉
古典歌后：湘玲（外貌神似古典美人李璇）

總之，只要歌星時常演唱的歌曲被歸類為何種歌路或是依據歌星的氣質神韻與外型，即被歸屬為何種類型的歌后、天后。越早出道又令人印象深刻、刻骨銘心者，即早早成為歌后。七〇年代末、八〇年代初，在西門町的眾多西餐廳裡，附有歌星演唱的西餐廳之中，歷史最悠久、知名度最高、歌星素質最整齊、生意最興隆者，白金西餐廳，允推第一。

也有歌迷持相反態度與看法，認為像白金與新國際這二家餐廳的風格路線過於保守，歌星與客人鮮少交流，顯得冷淡疏離，彷彿欠缺了些人情世故的溫暖。其實這種情況也不能都歸咎歌星的態度。

說起當年白金西餐廳對歌星與客人的要求，白金燕如數家珍：

一、不鼓勵客人送歌星紅包，但也不明令禁止。

有下列三項情況：

A客人點歌時，表達謝意。

B歌星生日時，表達賀祝之意。

C週年慶時，表演特別節目很精彩、表達鼓勵獎勵之意。

二、不鼓勵歌星與客人私下交流接觸，保持距離主要為了維持歌星冰清玉潔、純潔無瑕的玉女形象與一份神秘感，也避免發生感情糾紛或負面緋聞。

三、鼓勵歌星進修學習，提昇歌藝水準。

四、鼓勵歌星持續學習不同領域的學識。

五、鼓勵歌星修心養性、提昇人的素質。

這些措施（或規定），一方面是為了保護女歌星，使他們能安心專心演出，不因感情問題受不必要的干擾，一方面是當時保守閉塞的風氣使然，男與女、歌星與客人之間有一條看不見的紅線橫亙在二者中間。

白金燕主持下的白金西餐廳營業期間長達廿七年，創下西門町自有餐廳、歌廳以來的紀錄。白金西餐廳廿七年間橫跨正統歌廳（鳳凰大歌廳，在今日世界六樓）、歌廳秀（迪斯角大歌廳、寶馬劇場、太陽城西餐廳等是），木瓜秀、牛肉場、歌唱秀、紅包歌廳等數個不同的歌唱演藝階段，屹立不搖於西門町，除了給各行各業的普羅大眾提供一個物超所值的休閒場所，亦給為數廣大的退休軍公教族群及外省籍人士一個紓解鄉愁的處所。廿七年來，無數的外省籍人士在此與同鄉、同事、袍澤聚會，無數的外省籍人士在此度過中秋夜、除夕夜、團圓夜，更有不計其數的遊子在此紓解鄉愁，彼此相濡以沫，互相慰藉、鼓勵，支持彼此撐下去、活下去。白金燕說，剛創業時，白金西餐廳幾乎網羅了當時常在電視節目中出現的大牌、紅牌歌星，這些大牌、紅牌的歌星原本行程就緊湊滿檔，各類來自四面八方的邀約又多，白金燕絞盡腦汁想方設法、一一獲得首肯前來白金西餐廳駐唱。

細數曾經在白金西餐廳駐唱過的歌星、真是極一時之盛，陣容之堅強、歌藝之超群，受歡迎之程度，在業界都是首屈一指的翹楚。

美黛：歌壇長青樹、〈憶難忘〉歌后。

楊燕：〈蘋果花〉原唱人、美艷歌后。

王慧蓮：歷久不衰之老歌歌后。

趙曉君：冰霜美人、英文歌后。

吳靜嫻：抒情歌后、《星星知我心》女主角。

另外張鳳鳳在白金西餐廳唱紅之後，受邀上電視演出，其嗓音纖細清脆發音清晰，立刻一炮而紅，其歌聲曾長期伴筆者入夢。

另外一位張姓女歌星亦曾在白金西餐廳駐唱三個月，因所錄製之唱片〈車站〉大賣而爆紅，從此跨入電視界，成為一代歌后。

男歌星的陣容更是不在話下。

謝雷：紅透半邊天的情歌王子、女性偶像。

蔣光超：家喻戶曉的「小調天王」，其所演唱之〈揚州小調〉膾炙人口、傳頌不絕。

梁二：遠近知名之諧星、歌星，其所演唱之歌曲、逗趣詼諧令人發噱。

除了前述幾位男、女歌星尚有許多男、女歌星演員皆曾在白金西餐廳駐唱。這許多紅極一時的藝人演員低調客套、願無伐善亦無施勞，下了舞台即隱沒於人群中，不張揚不高調與你我無異，這種謙虛沉潛的品質與調性，正顯示出可貴的教養，可以說，那是個美好的時代，所謂衣食足而知榮辱、倉廩足而知廉恥。

歌星們披星戴月的趕場演出，帶給大家歡樂，不居功不踞傲，言行舉止間做了無言的身教，是這個社會寶貴的資產，值得大家尊重、珍惜。

白金燕一口氣說了這許多自己與他人的故事，似乎欲言又止，彷彿有難言之隱。經筆者再三鼓勵、激將，並保證自負一切文責，白金燕方才吞吞吐吐道出憂慮之事：此前曾有報章雜誌採偏頗角度報導同行負面消息以滿足讀者嗜腥、羶之心理。此類以偏概全的腥羶報導再三披露後，讀者大眾或觀眾口耳相傳、加油添醋甚或大肆渲染，歌廳之負面形象遂深植人心。形象既遭抹黑、業界同行人人有口難言、欲翻轉大眾心中既定偏見難如登天。蓋媒體為提高銷路或收視率而採用驚悚標題或其他折扣、優惠、贈獎等方式以刺激買氣均未可厚非，但不應傷害他人之名譽形象為前提。西門町之歌廳業界的現況是南台之瓜，已不堪再摘了。

歌廳的形象下滑，造成的後遺症有三：

一是，那些原本形象良好自律甚嚴之歌星便逐一求去、不願被貼上標籤，後輩新秀之歌星雖力挽狂瀾力圖振作，以重振昔時口碑、清譽，仍未復元。

二是，離職求去之歌星，從此不提過去在西門町歌廳演唱的經歷，認為不是很光采的事。

三是，客戶群產生質變。原先溫文儒雅文質彬彬的客人除了返鄉探親或凋零而大幅消失之外，另有部分客人係受到媒體報導的影響而卻步。

不可否認的是，以偏概全的負面報導確實重創了西門町的歌廳業。

而就近來到西門町聽歌的客人素質亦不若之前那般整齊自重。大聲喧嘩者有之、衣衫不整者有之、因酒醉而滋事者有之。

如此惡性循環，客人素質遂江河日下。客人年齡層亦愈益下降，年輕氣盛的客人血氣方剛，不夠穩重沉著，黃湯下肚後極易惹出麻煩。

白金燕憂心忡忡地表示，長此以往，歌廳的形象只有往下沉淪而無法向上提昇，這是最令人痛心的事。白金燕呼籲大家應重拾那些失去的倫理道德，人人自重自愛、進退有節，共同打造一個富而有禮安和樂利的社會。業界與客人亦須戮力一心共同努力、恢復昔日榮景之外，也找回往日自重人重的光環。

白金燕身為歌廳老闆，與歌星接觸頻繁密切，在行政管理上必須拿捏分寸並公平公正的對待每位歌星才能領導大家。她說，幸好歌星們都識大體度量寬宏不計較。使白金西餐廳平安順利地度過廿七個年頭，直至民國九十一年結束，她說，謝謝這些可敬可愛的姐妹們陪伴她共同走過這廿七個年頭，人生海海，這一生值得了。

李芊慧

李芊慧

布袋戲歌后「西卿」接班人

李芊慧的姐夫是海山唱片公司的宣傳部經理，負責發行黃俊雄的布袋戲。在布袋戲的演出中時常要穿插著歌曲的演唱以增強其戲劇效果與張力。這些歌曲通常是由當時極負盛名的台語歌后「西卿」負責配合著戲劇情節的進展或大人物的出場而隨機演唱，所演唱的歌曲皆是台語歌曲無一例外。

有時候不湊巧，歌后西卿請假，臨時找不到能夠嫻熟流暢的唱出台語歌曲的人代唱就要開天窗了。姐夫很是頭痛，想了許多歌星來代班演唱台語歌曲的可能性，總覺得少了那麼一點味道，最後想到了自己的小姨子李芊慧。姐夫是看著李芊慧從小長大的，這丫頭平時就喜歡哼哼唧唧地唱歌，雖非音樂科班出身，但也有板有眼、唱作俱佳，蠻像一回事的，就問李芊慧願否演唱黃俊雄的布袋戲歌曲？李芊慧這頭正愁自己一身歌藝無處發揮，便一口答應姐夫。姐夫喜出望外，旋即聘請名聲樂家黃敏老師教導李芊慧基本功。首先教發音練功，然後循序漸進的教授認譜、唱腔、發聲、換氣等歌唱技巧，給李芊慧打下扎實的基礎。

李芊慧邊學邊唱，開始先唱二首：〈一寸相思一寸淚〉與〈梨花淚〉。普獲好評之後，李芊慧有了信心就更加努力學、努力唱，毫不懈怠。

西卿即將退休，李芊慧就一一接手續唱並向西卿請教其中之秘訣或要領，成為西卿的接班人。西卿正式退休後，李芊慧就成為黃俊雄布袋戲的主唱人，這時李芊慧的歌藝已更上層樓，不唯布袋戲的台語歌曲，就是國語歌曲、藝術歌曲、流行歌曲也唱得呱呱叫。

之後，只要有公演或表演活動，李芊慧就不計酬勞地參加演出，累積了可貴又可觀的經驗、人脈、聲望，逐漸打開了知名度。再後來，李芊慧應邀至新加坡的歌廳與夜總會演出，主唱當地人稱之為「福建歌」的〈望春風〉、〈燒肉粽〉、〈青蚵仔嫂〉等台灣民謠。

李芊慧在新加坡演唱時，應當地唱片公司之邀錄製了生平第一張唱片〈台東人〉，大為暢銷，街頭巷尾人人朗朗上口，哼唱著〈台東人〉。李芊慧不僅唱紅了此歌，李芊慧本人也在當地爆紅，被稱為「福建歌后」。此後開始就一路錄製唱片，僅台灣與新加坡二地就發行了四十張國台語唱片與錄音帶，同一時間，李芊慧在台、新二地的演藝圈炙手可熱，成為眾多夜總會、西餐廳、歌廳爭相邀聘的紅歌星。

如此這般長期的表演活動之後，李芊慧覺得累了，想休息一陣子。廿八歲時，李芊慧決心要退休，過自己想過的日子，或拾起書本讀書充實學識，或出國旅遊散心，放鬆自己心情。但是，只要是鑽石就不會被埋沒，就不會被忽略、遺忘。

就在李芊慧擘劃著退休後的生活時，另一個機會降臨她身上，開啟她人生新的一頁。

正當李芊慧在新加坡走紅、紅得發紫的時候，在台灣風行一時的餐廳秀逐漸由新型態的西餐廳歌唱秀所取代，並蔚為風潮。餐廳秀的表現方式是，賓客在座位上享受美酒佳餚，演藝人員在舞台上演出，表演節目不一而足，有歌唱、歌劇、短劇、魔術、脫口秀、雜技等多元複雜的內容，消費金額也不平價，以人頭計算每人均一價為新台幣仟元以上，而所表演節目內容大約以一星期或十天為一個檔期，即每場節目要重複演出一週或十天才換上新的表演節目。

而歌唱秀就是西餐廳歌唱節目，單純簡單不複雜，由歌星輪番在台上演唱老歌或藝術歌曲，賓客端坐在座位上，桌上僅有一壺清茶與一個杯子，再無其他，之後才衍生供應瓜子、花生、水果等零食。消費金額甚為平民化，人人消費得起，天天都消費得起。

當時來西餐廳聽歌的賓客以現職或退休的軍公教人士為主，而退休的榮民叔叔伯伯們與公教職長輩們居多數。歌星們尊敬他們為國家奉獻一生的汗馬功勞，也享受這些長輩所給予的呵護與關愛。台上台下以歌會友、水乳交融，大家都保持著君子風度，以君子之交的禮數與分寸維持互動。

有位榮民曹伯伯曾在別處公演的場合聽過李芊慧的歌聲，覺得非常好，認為應該讓更多的人聽到她的歌聲才不辜負她的好歌喉好歌藝，對她才公平。於是曹伯伯便自告奮勇客串經紀人一職，熱心的把李芊慧介紹至西門町的西餐廳登台演出。

李芊慧在西餐廳演出期間感受到這些來自四面八方，不同職業階層的長輩們的溫暖愛護照顧，立刻陷入長輩們的仁慈與愛心之中，再也離不開他們。於是李芊慧就佇足停留在西門町的西餐廳裡，哪兒也不去了。原先擘劃退休後的行程活動也都作罷了。

李芊慧投入西餐廳演唱後，驚異地發現眾多的前輩與先進歌星們在舞台上的演出都是真本領真功夫，沒有繡花枕頭，每個人都有好幾把刷子，隨時隨地都能登台展露出令人讚嘆的才華。李芊慧自忖，自己的歌藝與人相比實在是相形見絀、瞠乎其後，羞死人了。幾番長考後，決定見賢思齊認真學習歌藝，並模仿揣摩前輩先進們在舞台上的台風、風采，無論自己是靜態動態的展現，都要提昇境界。可以說，那些李芊慧的同事們，不論是前輩還是平輩的先進們都是李芊慧的老師，都以無言的身教給李芊慧上了寶貴的課程。

李芊慧站在西餐廳舞台上演唱初始，面對台下眾多客人一雙雙射來的目光，這麼大的陣仗讓欠缺臨場經驗的她幾乎怯場想要躲到台上布幔的後面。李芊慧一再告誡自己：要穩住要穩住，拿出最好的台風與歌藝回報大家的熱情支持，千萬不能漏氣。由於是現場演唱，有時還有賓客點唱，所以在上台前，李芊慧就做足了功課，避免在台上出任何差錯。就這樣，李芊慧每次登台演唱時，都當作是初次登台，競競業業戒慎恐懼地演出，直到現在猶是秉持一貫精神。

幾年之後，手頭較寬裕了，李芊慧便與一位好姊妹人稱高音歌后的王少卿小姐及開設金獅樓的鍾姓餐飲女大亨合股接手一家西餐廳，也是有歌星登台駐唱，李芊慧參與了經營行列，學習經營管理的學問也充實自己的人生。承蒙姐妹們的厚愛與信任，放手由李芊慧全權經營管理，舉凡大事小事好事壞事均由李芊慧一手抓。感謝姐妹們的信任支持，李芊慧敬業努力地經營著以不辜負姐妹的期望與厚愛，一路上風風雨雨有驚無險地撐過了許多個年頭。至今李芊慧仍懷念那段三人同心協力、胼手胝足、奮鬥打拚的日子。

時光飛逝，歲月如梭，轉眼間十幾年很快就過去了。由於退休的軍公教長輩們逐漸凋零，前來聽歌的賓客大幅減少，再加上餐廳堅持不販售酒精類飲品也流失了不少客人，餐廳面臨轉型。如果要繼續經營就必須改變營業型態方可存活，如果墨守成規依然是清茶一杯、瓜子花生一盤的話，勢必無法與那些已經改變經營型態的同業競爭，遲早被淘汰而退出這個行業。

三人討論過後，決定急流勇退，餐廳轉手他人。李芊慧恢復原來在西門町各西餐廳之間跑場的日子。

前前後後加起來，李芊慧在西門町演唱超過卅年，卅年間李芊慧與這些長期呵護她照顧她的長輩們的互動建立起長長久久、細水長流的交情。例如，有許多榮民叔叔伯伯獨身一人過生活，身旁沒有親近信任的人，便將他們的儲蓄交給李芊慧保管，並交待：如果離世，辦後事所剩餘額交給某人處理。

上海籍的王伯伯年輕時即跟隨國軍撤退來到台灣，在軍隊裡過了大半輩子。退伍後單身未婚的他賃居台北縣，平日生活非常儉樸，每週來西門町探望李芊慧一次，偶爾邀請李芊慧喝咖啡聊天。某次見面時將所有積蓄交給李芊慧保管，此後發餉時手邊僅留下生活所需，其餘皆交給李芊慧並指定身故後將錢交給人在上海的侄子。

李芊慧確信宇宙間有靈異事件，而且靈異事件往往是真人真事。

某晚，姐夫做了個夢，夢見一位外省籍老伯尋找李芊慧很急，似有要事……。早上七點，醫院來電話告訴李芊慧：伯伯走了……，人在辛亥路第二殯儀館。李芊慧含淚急忙趕往二殯處理。

後事辦妥，李芊慧遵囑列出開支帳單與收據，並將餘款全額支付予由上海趕來奔喪的侄子。

在這卅年的歌唱生涯中，李芊慧送走了許多叔叔伯伯，每年都有，一、二位，二、三位不等。她說：他們就是我的親人、我的長輩，為他們做這些事，是應該的！

李芊慧非常漂亮，尤其是雙眸電力特強，眼波流轉之處電暈一堆人。由於歌聲稚嫩長相酷似洋娃娃般討喜，所以歌迷粉絲們稱她「娃娃歌星」。李芊慧不因外貌出眾而自滿，深知歌藝與做人才能在業界立足，所以時時提昇精進自己的功夫。

物換星移，春去秋來，歲月沒有在李芊慧身上留下痕跡，她依然青春艷麗如昔，依然擁有大批粉絲，依然活躍在舞台上。

林羽秋

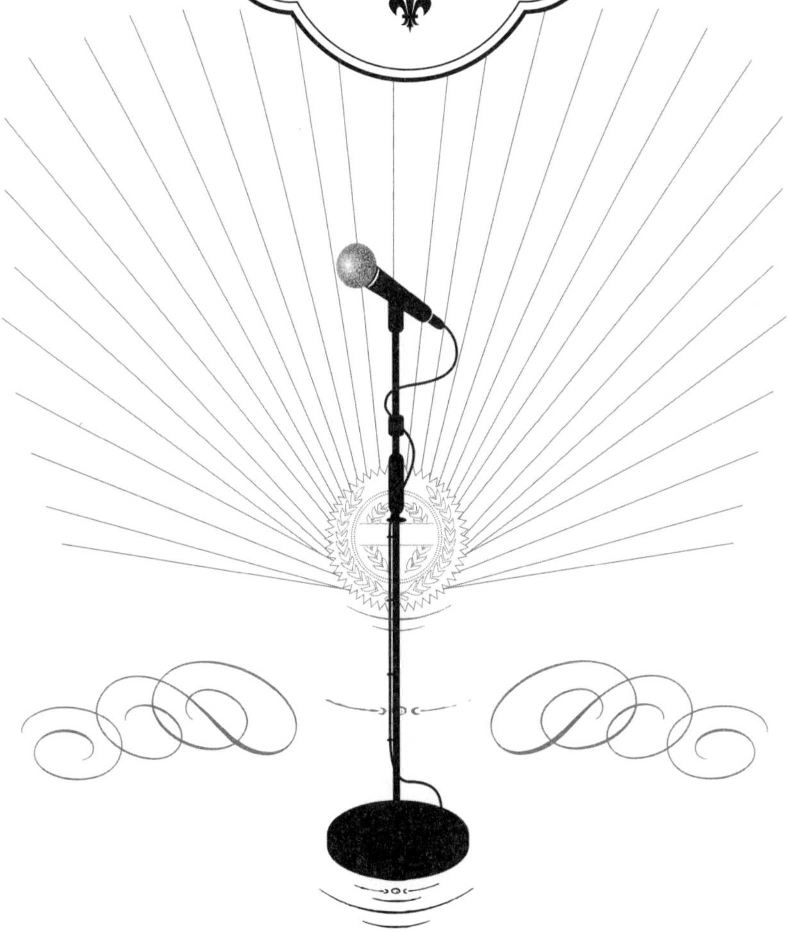

林羽秋

黃梅調歌后

林羽秋從小喜歡唱歌，在護專讀書的時候就被音樂老師選拔為學校的合唱團團員，因為歌聲厚實中氣十足，負責女中音。

民國七十五年暑假時，同學介紹林羽秋至西門町安迪西餐廳打工而認識了該餐廳的股東——人稱「四姑」的長輩。她是林羽秋生命中的貴人，帶領林羽秋開啟了演藝歌唱之路。

當時西門町的西餐廳都有歌星駐唱，演唱國語老歌或台語歌曲，四姑在業界是前輩也是行家。林羽秋在安迪西餐廳打工時，四姑細心觀察這位青春洋溢又略帶羞澀的小姑娘，發現她工作上的表現勤快細心、對人親切和煦，能與餐廳的客人水乳交融打成一片，是餐廳最欠缺的可造之材，便暗中留了心，想栽培林羽秋。

過沒多久，四姑另外開設一間也是有歌星駐唱的西餐廳，亟需歌星與演藝人員，遂大肆招兵買馬網羅各路演藝人才。四姑沒有忘記林羽秋，便邀請她前來演唱助陣，顧慮林羽秋尚在醫院任職護理師，便安排林羽秋暫時代理名歌星葉真真下午場的班。四姑做這安排用意深遠，一方面是循序漸進訓練林羽秋在舞台上面對大眾不怯場的膽量，一面強化她的臺風儀態與主持經驗，意在栽培她成為表演、歌唱、主持等全方位的紅牌歌星。

林羽秋僅約代班一星期，好評不斷人氣爆表，四姑看在眼裡，知道林羽秋能為西餐廳吸引客人、留住客人、創造佳績，便要求林羽秋晚場也要上班（演唱），於是林羽秋便辭去醫院護理師的工作，全心投入演唱事業，成為全職的歌星。

民國七十九年時林羽秋應邀在白金西餐廳登台演唱。老闆白金燕對歌星的要求是重質不重量，而歌星們亦皆自愛自重，不待老闆叮囑，歌星自我要求惕勵。老闆除了對歌星的歌藝要求嚴謹，對其台風儀態及言行舉止也很注重，務求歌星們在各個方面都保持完美的形象。

這種情形在西門町的西餐廳業界不是單一個案，並非僅有某一家西餐廳的老闆才會這樣要求旗下的歌星，也不僅是某位歌星才會自我要求，而是所有的西餐廳的老闆都不約而同有默契地注重旗下歌星的美姿美儀及言談舉止等外在形象。

而且所有隸屬不同西餐廳的歌星們也都有志一同地自重自愛，不僅是外型的穿著裝扮，內在的歌藝造詣及氣質涵養亦自我精進提昇。所以那個年代的歌星素質臻於前所未有的巔峰狀態。

那個時期的歌星在舞台上表演時皆絞盡腦汁挖空心思，盡己所能呈現最佳的歌藝，總希望自己的表演是最精彩最出色的，無形中歌星彼此似乎有些較勁的意味。雖然同事間彷彿有暗中較勁互別苗頭，但見面依然笑臉相迎一團和氣，不因舞台上的競技而心生芥蒂，反而互相關懷祝福、觀摩學習，大家一起提昇。

林羽秋初登台時被安排在開頭演唱的一、二、三名或結束終場前的一、二、三名，但她不氣餒也很知足，依然很認真很敬業的演出。某次以粵語演唱〈上海灘〉時，台下的客人聽了很感動，上前給了林羽秋一個紅包，她驚喜愕然，因為此前她從未在舞台上演唱時收過客人餽贈的紅包，這驚喜帶著幾分羞赧，竟然忘了下面繼續唱的歌詞，鬧了個笑話。

林羽秋與賓客交流往來是真心地付出關懷溫馨、一步一腳印扎扎實實打下基礎，時間長了賓客也能感受到溫暖與真心，自然而然地就常來西門町探望林羽秋。

在那個男士風度翩翩彬彬有禮，女士高貴優雅娉娉婷婷的年代，更重要的是大家顯示了極佳的風度教養，不論對人對事對物都能以寬大無私的胸襟展現出氣度與高度，充份表現人性高貴、光輝的一面。說起往日的賓客，林羽秋讚嘆不已，可惜那個美好的年代是再也回不去了。

極負盛名，人稱「娃娃歌后」的李芊慧說，有歌星駐唱的西餐廳最蓬勃興盛的時期，西門町同時有十五家西餐廳營業，歌星總數不下三百人，在這三百位歌星中，林羽秋的人緣是出了名的好，不僅是同事間的相處互動，與賓客的交流也極為融洽。

另一位在安迪西餐廳演唱的名歌星方晴說：林羽秋在安迪西餐廳演唱時，每逢過生日，四姑（安迪西餐廳負責安排歌星演出的股東）就緊張，因為當日必定來客爆滿，餐廳的工作人員必定人仰馬翻、忙得不可開交。而其他西餐廳則如臨大敵，因為每逢林羽秋的生日慶特別節目就會吸納大批賓客，自然就影響別家西餐廳當日的業績。

由李芊慧、方晴這兩位歌星的描述，可以想見林羽秋的人際關係經營得非常成功。

林羽秋說：長期以歌會友之後逐漸地歌手與賓客之間有了交情。歌手（林羽秋自謙自己是歌手，不是歌星）付出真心，給予榮民長輩們撫慰、關懷、親情，俾使叔叔伯伯們不致寂寞無聊孤獨終日。

她又說，在同時期同階段的歌星們與賓客、榮民長輩們交流往來純粹只是秉持關心關懷、溫馨敬重的信念，沒有摻雜任何不純正的動機或念頭，不像某些人總是持有色眼光質疑歌手另有所圖，係為了什麼好處或利益而接近他們。

林羽秋舉了個與自身相關的例子：

我印象深刻的是，有位榮民陳叔叔每星期來西餐廳看我一次，散場後單純約我吃飯聊天，不帶其他任何色彩。某次談話中流露出無奈與悲涼，詢問原因，陳叔叔表示孤身一人在台，未婚無家眷，恐將來無人為其送終。我聽聞此言當下答應為陳叔叔操辦此事，請其放心。此後我時刻留心陳叔叔的健康與各種狀況。

後來陳叔叔住進嘉義榮民之家，我由同事月華陪同去探望陳叔叔幾次。再後來陳叔叔被送進白河榮總。由於交通實在是不便，要轉幾道車，於是我便留電話給醫院，要求院方如有任何情況，務必要聯絡我。所以，當陳叔叔辭世後，退輔會的官員通知我。

辦理陳叔叔的後事，與退輔會官員連繫接觸的過程中，林羽秋覺得備受屈辱。退輔會的承辦人員質疑林羽秋對陳叔叔過度關懷是有目的、是不懷好意的，懷疑林羽秋自陳叔叔身上獲得許多好處、利益，以惡劣的口氣與態度詢問林羽秋許多無理、無禮的問題。陳叔叔走了，留下為數不多的存款，在治喪會議時，林羽秋分文不留，全數交給退輔會的官員全權處理，僅要求退輔會主任：在經費有限的條件下，將陳叔叔的喪禮辦得莊嚴隆重。

回想去嘉義榮家探望陳叔叔時，看到陳叔叔在榮家所居住的情形，真是一言難盡。由於照護人員嚴重不足，無法周全的照顧榮家內的叔叔伯伯們。林羽秋看著這些戎馬一生、為國家付出青春、奉獻犧牲的沙場英雄們，晚景竟是這般不堪這般淒涼，心頭一陣沉痛，對榮家留下刻骨銘心的負面印象。

早年，故總統經國先生任職國防部總政治作戰部主任時，感念這些忠心耿耿的老兵們在戰場上衝鋒陷陣出生入死的保家衛國，付出青春、生命而不悔，懷著對他們的感恩之心在全台各地創建了許多榮民之家以解決退休老兵們的就養問題，安置了眾多流落街頭徬徨無依的老兵們的生計問題，實在是功德無量。唯因時代嬗遞人走茶涼，現今的主事者與工作人員或許種種原因欠缺當年的的熱情與精神，對於居住在於榮家的叔叔伯伯們難免有疏忽之處，是美中不足的憾事。林羽秋只盼望，所有榮家的叔叔伯伯們都能有尊嚴、快樂地度過晚年。

說起「黃梅調歌后」稱號的由來，林羽秋羞澀笑著說要感激一位前輩歌星陳麗卿。某日林羽秋在白宮西餐廳聽了前輩陳麗卿唱了段黃梅調，驚艷不已，想不到黃梅調竟然可以唱得如此扣人心弦如泣如訴，直到散場後黃梅調的旋律仍不絕於耳。

林羽秋回家後即苦練黃梅調，暗中發誓：即使唱不出前輩陳麗卿的韻味，無法並駕齊驅，至少也要縮短兩人之間的差距。天道酬勤，皇天不負苦心人是千古至理名言。胡適這位哲學家曾說過：要怎麼收穫，先那麼栽。終於時機成熟了。

某日林羽秋在台上高歌一曲苦練多時的黃梅調，竟然大受賓客讚賞，安可聲此起彼落。老闆正在台下「督軍」，見狀，便要求林羽秋多唱些黃梅調歌曲以饗賓客。從此林羽秋潛心鑽研黃梅調歌曲，旁及唱腔、身段手把式。因此獲得「黃梅調歌后」的桂冠封號。

林羽秋謙辭道：「我哪是黃梅調歌后呀，你聽聽陳麗卿前輩唱的黃梅調，那真是迴腸盪氣繞樑三日不絕呢！她才是正宗的黃梅調歌后呀！」

林羽秋唱了一輩子的歌，現在仍是十分受歡迎的歌星，天天在西門町的幾間西餐廳跑場（即在不同的西餐廳輪流巡迴演唱），將歌聲與歡樂帶給大家。

陳芸

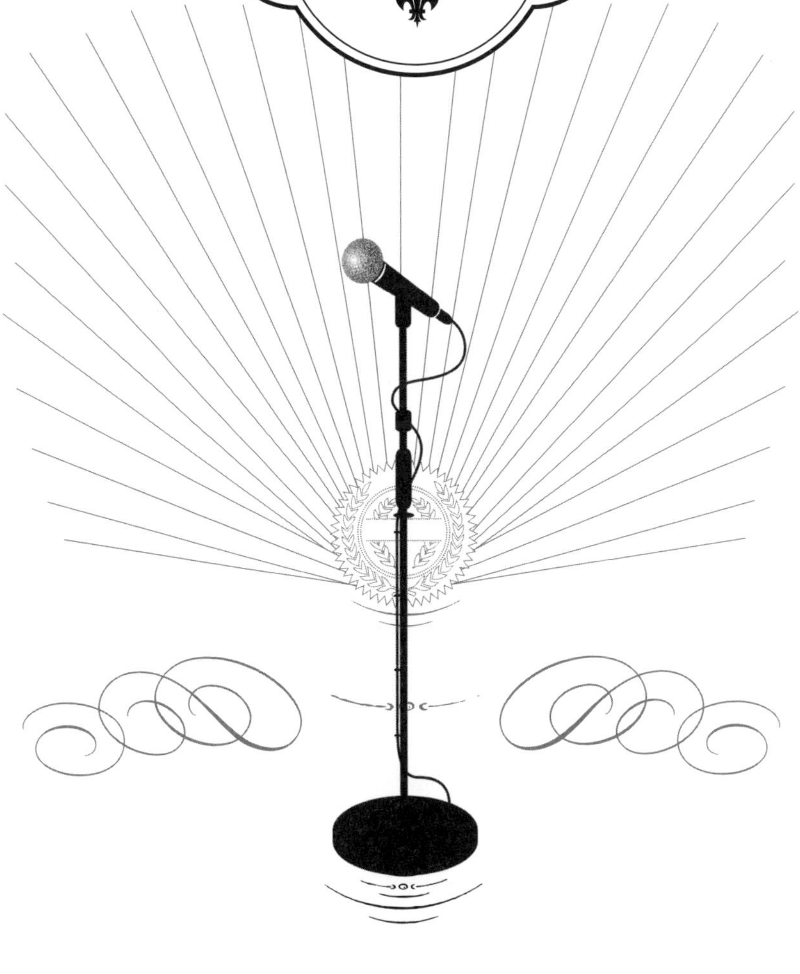

陳芸

將京劇身段帶入歌唱界

在西餐廳演唱的眾多歌星中，陳芸是個異數。

陳芸出身大鵬劇校，學的是京戲，舉凡翻打撲跌，說學逗唱，無一不精。劇校畢業後沒有進梨園這行發展，反而一頭栽進歌唱界，往演藝方向前行。

由於嗓音好，中氣足，再加上劇校的紮實訓練，其身段架式煞是好看，所以陳芸在年輕時即受邀赴東南亞印馬、星、泰等國巡迴演唱，受到熱烈歡迎，因而走紅於東南亞諸國。

某次返台，陳芸被朋友硬拽至西門町某西餐廳客串演唱，竟大獲好評，造成轟動。當時新國際西餐廳的老闆黃敏先生看出陳芸是塊璞玉，是匹黑馬，如果好好調教，給她機會，日後必定在歌唱界大放異彩，便一心要將她網羅旗下，每天打電話遊說她，盛情邀約陳芸這顆明日之星至新國際西餐廳登台演出，以壯大新國際西餐廳歌星群的陣容與聲勢。

幾度拜訪晤談之下，黃敏先生的盛情隆誼難卻，陳芸忍痛割愛東南亞諸國巡迴演唱的機會，駐足西門町，開始在新國際西餐廳掛牌，登台演出。

新國際西餐廳對旗下的歌星約束甚嚴：

一、無論台上台下，歌星均不得收受賓客餽贈的紅包或小費。當然，歌廳也不允許客人餽贈任何禮物、紅包、小費給歌星。

二、無論台上台下，禁止歌星與賓客交談、交流、聯絡。

三、歌廳給付歌星薪資、歌星無需承擔業績壓力，唯一要求是歌星演出必須力求完美，不斷地提昇，精進歌藝。

陳芸應聘赴新國際登台演出之前，僅有十一位歌星在此登台駐唱，個個歌藝不凡唱功了得，每位皆為響噹噹的知名歌星，也各有許多仰慕其風采、歌喉的粉絲。陳芸加入這個團體中，論起資歷輩分是後生晚輩，尚有許多有待學習了解的事物與生態。所幸台灣處處有好人，陳芸也虛心求教請益，很快就進入情況，適應這個環境了。

陳芸在演唱時所展現的身段與儀態特別優雅有韻味，讓人耳目一新。尤其是面部表情與手勢，幽怨的眼神與舉手投足的架式，恰與那京劇《六月雪》裡含冤莫白的蘇三互相輝映，讓人不由自主地打從心底疼惜憐愛。

在當時出入西門町聽歌的賓客群體主要是現職或退休的外省籍軍公教人員居多，這些有了歲數的叔叔伯伯們不乏京劇迷，熟稔京戲的劇目戲曲，記憶深處裡刻印著生旦淨末丑的身段架式與唱腔，所以陳芸演唱的神韻姿儀深深觸動了這些叔叔伯伯的心弦。

陳芸登台演出立即聲名大噪，集三千寵愛於一身，歌迷們爭相目睹陳芸的風采，陶醉在優雅身影與幽怨的歌聲中。

有些榮民伯伯們聽著老歌，想著京劇戲目的情節（尤其是《四郎探母》），又感懷浮萍般飄零的際遇，往往不自覺地流下兩行熱淚。

那時社會風氣還很純樸，雖然台灣錢淹腳目，卻富而好禮，處處飄書香。

來到西餐廳聽歌的客人也都穿戴整齊，言行舉止透著溫文儒雅的風範。賓客就座後，端坐著傾聽台上歌聲，偶爾交談也放低音量避免干擾其他賓客聽歌的雅興。雖然賓客群主體係以外省籍在職或退休軍公教人員居多，少有高官顯貴也沒有富商鉅賈，但大家都表現出良好的教養與高貴的人品。

有許多賓客是長期、每天來到西門町聽歌，對於歌曲的節拍曲調嫻熟度甚至超過台上演唱的歌星。最常見的情況是，賓客端坐台下來賓席，緊閉雙目，一顆腦袋左搖右晃，似是打瞌睡，其實他們正聚精會神專注地聽歌，閉目是為了養神而非瞌睡。偶爾歌星音調失準或忘詞，雙眼立即睜開示意或提詞。面對嫻熟內行的賓客，所有眾家西餐廳的歌星們無不兢兢業業全神貫注，絲毫不敢疏忽馬虎，惟恐在台上出醜漏氣。

陳芸初唱老歌時，偶有音調失準的時候，賓客們念她初來乍到，也予以包容，對她眨眨眼就過去了。為了回報這些叔叔伯伯輩的賓客對自己的愛護支持，陳芸不時地向前輩先進們請教唱腔、音調、音律、等等，並勤記歌詞，練身段，美姿美儀，以精進歌藝與架式身影，務必要將最完美的一面呈現給大家。

在新國際西餐廳演唱期間，陳芸優雅端莊的美儀與動人悅耳的歌聲牢牢拴住賓客，知名度扶搖直上攀升至高峰。

此時圈內名歌星楊依萍開設金朝代西餐廳，聘請多位知名歌星駐唱，也挖角陳芸助陣並力捧之。金朝代西餐廳一時爆紅，每天尚未開始營業前，排隊等候入場的人龍隊伍即已排至西寧南路上成為西門町的另類奇觀。

陳芸在圈內有了知名度之後，其他西餐廳紛紛邀請陳芸前去駐唱，礙於情面，難以推辭，陳芸在西門町幾家西餐廳「兼職」或「客串」駐唱，開始了「跑場」生涯。幾年下來，陳芸也有了不少忠實的粉絲，有些忠實的歌迷粉絲實在是喜歡陳芸到不行，就追逐陳芸的行程跟著跑場，這種情況類似今天年輕人「追星」般熱烈又激情，陳芸心疼這些歌迷們奔波勞累又花錢，便貼心地勸他們駐足固定某一家西餐廳即可，她跑場結束後一定會回到這家西餐廳與大家見面。

所謂跑場，是歌星應邀在數個不同的表演場地間輪流巡迴表演。場地與場地間的距離暨所花費交通時間，及演出時間的早晚或長短均需精準拿捏方不致延誤、耽擱下一個行程，也不會影響或妨礙其他歌星的行程。

陳芸在金朝代西餐廳演出至第四年時，西餐廳整體業績下滑，歌星同事間出現士氣不振軍心渙散的情況。陳芸見狀憂心如焚又萬般不捨，認為延續金朝代西餐廳的良好風氣傳統是責無旁貸的事，也覺得必須讓眾多一貫以來支持她、愛護她的叔叔伯伯們有個賓至如歸的優質聽歌環境。

陳芸毫不猶豫，義無反顧地罄盡多年積蓄接手金朝代西餐廳，不以賺錢為目的投注大量金錢、心血並採取種種振衰起弊的措施夙夜匪懈地經營金朝代西餐廳。

為了提供賓客更溫馨舒適的聽歌環境，為了讓歌唱節目創造更好的效果，陳芸殫精竭慮廢寢忘食的工作，不敢稍有懈怠，將全部心力用在事業上，因此而忽略了自己的終身大事，就連約會吃飯的時間都抽不出來。

陳芸本是美女，秀麗的五官加上空靈的氣質，令人想起詩經中「關關雎鳩，在河之州，窈窕淑女，君子好逑」的詩句。見到眼波流轉，美目盼兮，巧笑倩兮的陳芸，少有不動心者。只是專注在事業上的陳芸，對於仰慕者的追求，總是若即若離不冷不熱，所以一再蹉跎。

約六年前，陳芸應友人之邀赴一新開設的卡拉ＯＫ捧場，不慎從二樓踩空摔落地面，當下未覺有何異樣，返家後當晚即感全身痠痛呼吸困難，伴隨全身無力頭昏腦脹等症狀，立即奔赴醫院掛急診，醫生診後立即命令陳芸住院，不得離開。

經過一系列的檢驗檢查，醫生很確定的告訴陳芸病況：「神經移位、頸椎卡喉嚨整條脊椎骨縮短、肌肉萎縮。」等全面性身體症狀。如果治療效果佳，可以正常行動，如果效果不佳，就是植物人。

聽聞醫生說明病情後，陳芸覺悟這方是真正的人生考驗、人生試煉。陳芸不逃避不頹喪，堅強的面對這個挑戰，謹遵醫囑服藥、復健、運動，至今已近六年。

陳芸用心的經營金朝代西餐廳，領導全公司的同仁們，將士用命上下一心，在西門町的歌唱界樹立了良好的口碑，人人稱頌，不僅實現她回饋長輩們長期支持她疼惜她的心願，也實踐了她一貫堅持「正派經營、延續優良傳統、維護善良社會風氣」的主張。

隨著歲月流逝，大環境逐漸產生變化，由點而線而全面崩壞了。

一是政治上的解嚴，各種光怪陸離五花八門的言論、行為、現象出現，令人眼花撩亂。

二是台灣本土廠商大量西進大陸投資設廠，失業情況愈益嚴重，台灣呈現產業空洞化，經濟衰退的情況，社會治安惡化。

三是金融詐騙興起，各類投資公司如雨後春筍般興起吸乾榨乾在職與退休軍公教人員的積蓄，政府手足無措，百姓損失慘重，人心惶惶，國家陷入動盪慌亂之中。

四是官箴敗壞，上下交相賊，金牛與黑道崛起成為民意殿堂的主流，社會風氣遂不堪聞問。

五是司法不彰法令威嚴盡失，淪喪，社會上的紛擾沒有了法律的約束，台灣社會倒退回到憑藉武力拳頭解決紛爭的野蠻叢林時代。

在上述諸多惡化的社會狀況相互影響激盪之下，對人民在生活、思想，及行為上也產生了極大的負面影響：

一是道德觀、羞恥心的崩潰，即使犯了法，也能想辦法透過管道脫罪，以致犯罪率陡增，治安大敗壞。

二是庶民百姓降低生活水平節衣縮食以因應景氣寒冬與財富損失。

三是部份正義衛道人士人心思變。海內外裡應外合互相呼應加速政治活動以改造中華民國，各類大小抗爭示威已成烽火連天之勢。

四是犯罪份子經過行賄收買的手段漂白罪行，搖身一變成為政客名流，從而提升犯罪手法精進斂財技巧，分別從國庫、銀行、民間攫取更多不法利益後與當權者朋分。

原本西門町的各家西餐廳都是聘請歌星登台演出，給付優渥的薪資，並不要求歌星招徠賓客消費捧場。如果歌星的親友來餐廳消費也不打折扣，更不會給付該名歌星若干佣金以為酬謝。況且賓客來聽歌，西餐廳也只是提供一壺茶，一個杯子，收取茶資而已，堪稱是物美價廉的休閒娛樂，何來多餘盈利支付歌星佣金？

當大環境起了變化，且有惡化的趨勢，誰也不敢樂觀的認為明天會更好，普遍認為到了不得不改弦更張的時候。腦筋動得快的西餐廳老闆發明一種新制度，讓旗下歌星分擔經營的壓力，歌星就必須邀請賓客前來捧場。

這個制度有效管用！當西餐廳實施這個制度後，不但大大減輕老闆們營業上的壓力，也大大增加了收益，而歌星們也因分紅而增加了收入，便更努力積極的開拓客源提高自己的業績，創造雙贏的局面。

當第一家西餐廳成功的施行這個制度並大大獲利後，其他的西餐廳便群起效尤紛紛跟進，於是變成了今天各家西餐廳共同認可實施的「茶單」制度，這類西餐廳因同時開放客人致贈歌星紅包，而演變為今天的「紅包場」。

陳芸雖堅持一貫以來的經營方針不向現實低頭，不隨波逐流，終因不敵現實壓力，於經營金朝代西餐廳廿一年後，黯然吹了熄燈號。

不論識與不識、舊雨新知，聽聞這個消息，尤其是老歌迷們，均為之扼腕嘆息。

陳芸現在已淡出歌唱界，遵醫囑閉門謝客，專心在家養病。

康雅嵐

康雅嵐

正規科班出身，積極回饋社會

民國七十一年的時候，康雅嵐已經開始在電視的歌唱節目中嶄露頭角。某日正在中視錄影時，接到吳靜嫻小姐的來電，邀康雅嵐聚會敘舊。原來，吳靜嫻小姐已經接手一間位在西門町的歌廳，正在招兵買馬廣納天下賢士以擴大版圖，而康雅嵐正是萬眾矚目冉冉上昇的一顆星星，當然是吳靜嫻亟欲網羅的重點對象。

康雅嵐拗不過人情與面子，在山海關西餐廳擔綱為期二週的歌唱秀，純粹以演唱老歌為主。因為在此之前康雅嵐在電視上演出，係事先在錄音室錄影後再播出，從未有過與觀眾面對面接觸的經驗。而在山海關演出二週係現場演唱，不能唱錯一個字或走音，現場是沒有重來一次的，所以康雅嵐備感壓力，很不適應。尤其是康雅嵐正值青春年華韻律感又佳，歌迷們平日只能在電視螢光幕上見到她，彷彿天邊的星星可望不可即。現在竟能看到活生生的真人出現在眼前，說真的，彷彿天上仙女降臨凡間一般，那熱烈的情況真是無法以筆墨來形容，令康雅嵐招架不住。

尤其是康雅嵐在台上演唱時，聽歌的叔叔伯伯太高興太激動了，要給康雅嵐小紅包，康雅嵐不敢收也不收，反問：伯伯想聽什麼歌，我唱給您聽！

不久之後，綜藝天王倪敏然先生錄製綜藝節目，邀請康雅嵐在節目中演出吃重角色，康雅嵐遂辭去山海關西餐廳的演出。後來，康雅嵐與盈淚歌后姚蘇蓉小姐搭擋在漢中街42號六樓的紅玫西餐廳演出，場場爆滿，座無虛席。

接著，康雅嵐分別與抒情歌后王慧蓮小姐，古典歌后孔蘭薰小姐等大牌搭檔演出，均造成轟動，歷久不衰。

有件事，康雅嵐迄今仍耿耿於懷無法釋懷。對於某些人某些媒體或期刊關於歌廳負面、不持平的報導忿忿不平。認為對所有歌廳界的從業人員羞辱抹黑，對於前來聽歌的客人也不公平。

她解釋，自她受邀在西門町演出以來，所認識的歌廳姊妹們，不論大牌紅牌與否、也不論是男是女、人人都潔身自愛自律甚嚴，未聞有脫序、不檢點的言行。

而客人們來此聽歌，不論身份級職也不論在職退休，皆是溫文儒雅，很有君子風度。如果僅只是沒有憑據的空穴來風捕風捉影的傳聞就在媒體上雜誌上含沙射影的報導或以偏概全的流傳，是非常不道德不負責的行為。

深具正義感的康雅嵐表示不論團體或個人，不論職業與職務，均應受到公正持平的對待與尊重，才是一個文明理性的社會，任何人均有免於被中傷被汙衊的權利。

康雅嵐是科班傳統出身的藝人，所受過的正式訓練可謂輝煌耀眼。

康雅嵐年輕時即參加中影演員訓練班與華視歌唱訓練班，打下堅實的演技與歌唱的基礎。

之後又拜入鼓霸大樂團團長謝騰輝老師的門下，潛心學習合音與柔軟度，是謝騰輝老師最得意的入門弟子。

學會了和音的技巧，康雅嵐再向聲樂家林寬老師學習美聲與藝術歌曲的技巧。靜態的功夫學得差不多了，康雅嵐開始學習動態的技藝。

由於從小學習芭蕾舞，所以對西方的舞蹈並不陌生。首先，拜入台灣的爵士舞鼻祖許仁上老師的門下習舞。許仁上老師是台灣舞蹈界的教父，也是「四騎士」的老師，許多台灣舞蹈界的明星也都出自他的門下。跟隨許仁上老師學了一段時期，習得爵士舞的精髓與訣竅後，康雅嵐又追隨陳明忠老師學習西班牙、印度等地方色彩的流行舞步。

康雅嵐從學生時代就開始學藝，在影劇界出道，再跨足到歌唱界，一直沒閒著，得空就拜師學習（藝），凡是能精進功力提升自我的技藝，就投入時間精力認真的學，認真的練，然後在舞台上展現出來。

所以康雅嵐在舞台上演唱時，肢體語言豐富、激動，有震撼力爆發力之外，更有一份賞心悅目的美感韻律感，帶給全場的客人視覺上的震撼。

漸漸地，康雅嵐喜歡上了紅包歌廳現場演唱的方式：

一是可以選擇自己愛唱的歌，在歌曲中抒發自己的情感，自在盡情的演出發揮。

二是激發觀眾的情感，跟著康雅嵐唱歌的情緒一起躍動，促進康雅嵐與觀眾的共鳴與親近感，達到水乳交融以歌會友的境界。

三是觀眾專注聆聽的神情讓康雅嵐備感成就，彷彿是知音般，所以在選歌時多了一分用心。

康雅嵐表示，在歌廳演唱的時日久了，常有客人表示欣賞自己的歌或風采，但也只限於以眼神與掌聲表達心意，含蓄的傳達仰慕與好感，絕無時下年輕人「赤裸裸的告白」那套玩意兒，頂多是散場後客人邀請多位歌星一道去喝咖啡，絕不會單獨邀約一位歌星出去吃飯喝咖啡。

政府開放軍公教人員赴大陸探親後客人數量逐漸流失，純聽歌或聽得懂的客人變少了，歌星也唱得不起勁。像康雅嵐或王少卿這批經過正式科班訓練出來的藝人也漸漸倦勤覺得有些唱不下去了。

由於大環境惡性循環，部分西餐廳及歌廳開始販賣酒水類飲品，爾後所有此類歌星駐唱的西餐廳或歌廳均靠酒水為銷售主力，康雅嵐不甚適應酒水的文化，便離開歌廳休息了一陣子。

休息沒多久正欲計畫與家人出國旅遊散心，又接到八大電視台之邀參與演歌秀的演出。演歌秀的內容豐富多元，康雅嵐均能如魚得水般出色的演出，可見得康雅嵐諸多不凡的才藝都是扎扎實實的真功夫。

現在康雅嵐已逐漸淡出演藝界、歌唱界，怡然自得、悠然自在的含飴弄孫，轉而從事公益活動，積極參與慈善義演，安養院、榮民之家、獨居老人等各類義演、公演活動中皆可看見康雅嵐認真努力的身影，儘管是公益活動慈善義演，康雅嵐都一本初衷樂此不疲，做的有聲有色。她說了一句震撼人心感人肺腑的話：現在是我回饋社會的時候了！

彩鳳

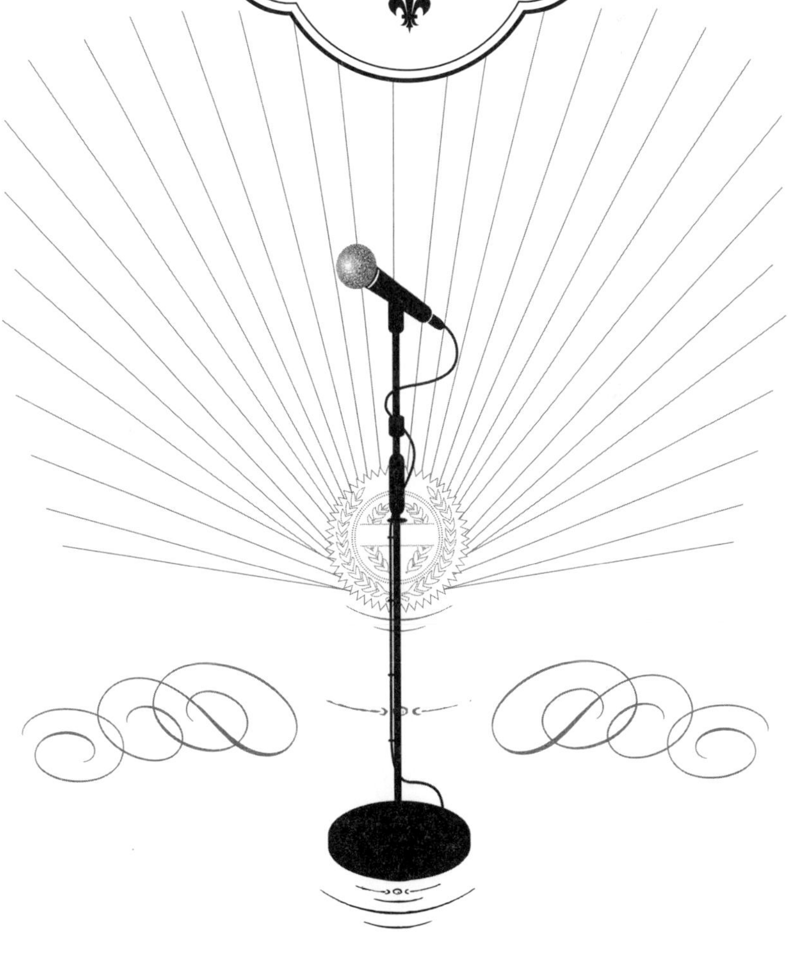

彩鳳

歌廳工作者，歌星與賓客的橋樑

彩鳳是歌廳界的元老，在西門町的歌舞廳裡服務年資超過三十年，常來西門町聽歌的客人對她都不陌生。

民國七十年開始，彩鳳就在漢中街42號六樓的「紅玫西餐廳」任職，負責接待賓客的工作。

當時餐廳有個不成文的規定，不希望歌星私下與賓客交流，也不希望歌星接受邀約私下與賓客見面，更不希望賓客主動積極地對歌星邀約或表達什麼……。這也是當時社會風氣的主流思想，男女有別，不同蓆，不同食；異性之間橫亙一條不可跨越的鴻溝。

彩鳳說，當時前來聽歌的客人都自重自愛，而歌星們也都自律甚嚴。所以，如果賓客喜歡某位歌星所演唱的歌曲或是欣賞某位歌星的風采，不能、不便、也無法接觸歌星，只得望星興嘆！歌廳也察覺到這個問題，覺得完全禁絕歌星與賓客之間的互動，似乎也太過於不盡人情、不合常理，遂想出一個折衷辦法。即是，賓客可以委請彩鳳或現場工作人員代向花店訂購鮮花一束，花店送達鮮花後，賓客再委託工作人員將鮮花贈送給該名心儀的歌星。倘若鮮花先送到，賓客便將鮮花寄放在工作人員那兒，當所欣賞歌星出場演唱時，再由工作人員將書寫該賓客桌號的紙條放入鮮花內拿到舞台前方，向歌星獻花。僅此一個獻花的動作，即完整表達對該位歌星的欣賞關照之意，或者是仰慕之情。無論如何，客人絕不會貿然邀約歌星私下餐敘、飲宴、喝咖啡，彩鳳等工作人員亦會婉拒代客傳達邀約的請求，歌星亦不接受邀請、不赴約，部分歌星甚至不曾與客人照面，唱罷下台後，換回便服就直接從後門離去。

由於所有的西餐廳都是持著這樣的態度要求旗下歌星，歌星們生活較單純，致力於歌藝的提昇，專注於歌唱事業。在整個民國六、七〇年代，社會上大體保持著純樸、善良的風氣。這與現在、當下敗壞的社會風氣、沉倫的道德倫理呈現強烈的對比。

在六、七、八〇年代，娛樂場所或娛樂事業的數量被政府嚴格控制，演出節目的內容尚須送交新聞局審查，不得有違背善良風俗或違反倫理道德的內容出現等等規定。對於維護善良風俗、發揚倫理道德等諸多淨化社會風氣，免於墮落沉淪的正面效益上，西門町的眾多西餐廳從業人員做出了巨大的貢獻堪稱是力挽狂瀾的中流砥柱。

在當時賓客對歌星贈花的舉動僅只是單純的贈花而已，沒有在花束中夾雜著信箋或紅包，工作人員不會同意這麼做，舞台上的歌星如果收到夾著信箋或紅包的花束，便會禮貌的退回花束。剛才說過，賓客都是彬彬有禮、風度極佳的紳士，不會在這種事情上自討沒趣吃閉門羹。上述這種情況的發生，不是歌星高傲、失禮，也不是歌星矯情、造作，純是因為當時的社會風氣就是如此保守，民風就是如此純樸拘謹，男士們發乎情止乎禮，進退有節；女士們矜持含蓄，守身如玉，大家都遵循道德規範的軌跡行事不踰矩。這種良好保守的風氣禮儀持續至民國八十年代末、九十年代初，之後稍稍有些開放舒緩，賓客與歌星之間才漸漸開始交流互動。也是這個時期客人開始在致贈歌星的花束內放上一個小紅包，以示鼓勵、打氣、加油之意。

彩鳳等人是領薪資的員工，工作之餘，時間允許的情況下，歌星也常委託彩鳳等工作人員幫忙處理一些力所能及的事，例如幫歌星尋找演唱時所穿著的禮服，或者幫歌星書寫歌曲曲目給樂隊，以及代替不在場的歌星接待前來捧場的朋友，安排座位、點餐等等。

西餐廳原本沒有提供酒精類酒水飲料，僅供應清茶、水果或瓜子。客人前來主要是聽歌，不是進餐用膳，所以餐廳也不供應食物餐點。直至後來顧慮或有賓客需求方始供應炒飯與果汁、湯類食品。但仍未開放酒精類飲品，啤酒亦不允許由外攜入。

此時的賓客們也仍是衣冠楚楚、風度翩翩，像是出席正式宴會般莊重肅穆。但整體的社會規範與風氣已漸露土崩瓦解先兆，西餐廳的營業方式即將產生大改變，舊有的體制、典章制度已跟不上時代的變化，倫理道德也漸漸淪喪，無法回頭了。

政府於民國七十六年開放大陸籍軍公教人士返鄉探視後，原本是西餐廳消費主力的客群人數驟減，另外加上其他年邁行動不便、老去凋零、返鄉定居等諸多因素而不便再來西門町聽歌的賓客數日增，使得西門町各家西餐廳的生意大受影響，業者們叫苦連天，歌星們也因生意大不如前，望著座席間稀疏零落的客人也提不起興致，沒勁兒唱歌了。

為了提振客人的消費意願，增加西餐廳的營業額，也為了起死回生振興歌唱界，西餐廳的業者們開出藥方。

首先是開放酒精類飲品的供應，在潛移默化中悄悄將西餐廳由純粹聽歌的休閒場所轉變為交際應酬的場所，除了酒精類飲品，同時供應配酒的開味小菜與下酒菜，藉此增加消費金額。

其次是實施「茶單」制度。所謂茶單即是消費者的帳單，此帳單非由賓客支付，而是由賓客所捧場的歌星付帳，然後賓客將所應付的帳單金額酌量多加些金額置於紅包內，趁著所捧場的歌星出場在台上高歌時，所上前獻給她。這個制度的意義是：歌星邀請賓客好友前來聽歌捧場，所有邀請來的賓客好友們在西餐廳消費的金額悉由歌星作東買單，表示是歌星請客招待之意。而受招待的賓客親友不捨歌星破費，也不願平白無故佔歌星便宜，便將自身的消費金額置於紅包袋內退還歌星，表示謙讓不受其破費之意，同時為表示謝謝該歌星的熱情與心意，便在紅包袋酌量多放若干金額表示支持鼓勵之意。這便是茶單制度的由來。

第三是請眾歌星共體時艱，實施業績獎金制度。由於各家西餐廳均陷入生意清淡、入不敷出的窘境中。歌星原本無需承擔業績，由老闆付月薪給歌星的制度使得老闆們捉襟見肘難以為繼。便變更為依照歌星出場的時段制定高低不等營業額的業績獎金制度。

歌星們有了業績壓力，便會主動與客人招呼寒暄，也會放下身段與客人交流，或是共進晚餐，或喝咖啡聊聊，距離近了些，情感就漸漸濃了。歌星與歌迷之間的那條界線逐漸模糊、消失了。這樣子，歌星才有業績，才能對所屬歌廳回饋。

這改革方案的三劑強心針果真有效，客源增加，來客數明顯上升，客源也擴及各層面，不再侷限特定某些職業或族群，可是也帶來了一些不適格的客人，這是無法避免的副作用。

開放酒類飲品後，後遺症是某些賓客的酒品欠佳，時有脫序言行，影響觀瞻形象。另一個負面效應是，客戶層面呈年輕化浮躁化。年輕人火氣旺，往往三杯黃湯下肚後就衝動浮躁極易生事，所以業者對於開放酒精類的飲品是又愛又恨。

彩鳳對於酒後失格的場面見多了，也經常處理這類脫序的酒客，幸好有驚無險都能化險為夷和平收場。彩鳳說，這類客人不壞只是酒量不行，酒品稍差，沒喝酒時，是紳士，喝得過量就失態。第二天酒醒後，帶著禮物來請罪道歉，讓前一天為他酒醉失態而手忙腳亂的工作人員啼笑皆非。

像彩鳳這樣的外場服務人員都是領固定薪水，之外的收入來源便是客人給的小費。彩鳳進入這個行業初始就知道服務的重要。三十年的工作經驗讓彩鳳練就了火眼金睛的功力。瞥一眼就知道客人欠缺什麼，再瞄一下就知道客人的心思，再稍思索便知道客人與歌星間的「眉角」（分寸、幽微的細節）。積三十年之經驗，彩鳳早已全盤瞭解歌廳的內外大小事，不論是工作人員、歌星或者客人，在工作上、交流上或潛規則上，遇到不熟悉不順利的時候，請教彩鳳便迎刃而解、茅塞頓開。

有時候歌星在台上演唱而沒有收到紅包，包含彩鳳在內的工作人員便會將自己收到的紅包先獻上去，或拜託熟識的客人包個小紅包送上去，以免歌星的場面不好看，化解了尷尬。諸如此類「解圍」、「化解窘境」的事也是彩鳳及工作人員的工作範圍。有的客人很熱情招待朋友來聽歌，點這點那滿滿一桌，又要送紅包給這位那位歌星，一不小心就超出預算，只得向彩鳳求援。也有的客人是先過去別家西餐廳消費，繞了一圈之後最後才來彩鳳所屬這家西餐廳，待到要結帳或送紅包時，才驚覺皮夾內所剩無幾，當然，又是現場服務人員化解尷尬。以前，彩鳳說，客人興致高，一晚跑數家西餐廳是常事，每個月都會遇上需要出面「解圍」的時候，幸好從沒碰上賴帳的客人，都是隔日便早早拿來歸還，還附上一份禮物表達謝意。

曾經有段時期，彩鳳每個月都要出席一、二次告別式，為老朋友送行。彩鳳是西餐廳第一線工作人員，與聽歌的賓客直接接觸，也最親近最密切建立起深厚的情誼。在這些叔伯長輩們出現異狀不常來聽歌的時候，彩鳳就先致電詢問近況、有無需要幫忙。彩鳳就曾有過打電話給長輩問安時，發現長輩生病臥床虛弱得無法下床進食的事例，立刻搭計程車趕去，打一一九求救，送醫治療，每天去病房探視並代為打理一些瑣事，像是女兒一般的做著份內的事。也有幾次參與長輩的治喪事宜，出錢出力，只為盡一個身為晚輩的心意。人間處處有溫暖，彩鳳深深感覺，台灣最美麗的風景就是人。幾次陪著歌星去榮家探視久未見面的客人，也多次陪著歌星去醫院探病，看著這些歌星同事們細心親切體貼的舉止，彩鳳學到了許多寶貴的人生課程。一般人或社會大眾常有錯覺，誤以為這些退休叔伯長輩們來西餐廳聽歌，被歌星所「狐媚、誘惑」，故而以有色眼光先入為主地認定歌星必然別有用心或已獲取利益好處，其實這都是以訛傳訛、空穴來風的謠傳。彩鳳近身觀察每天接觸到的賓客與歌星，情況有不同類型：

一是叔伯長輩將存摺存款交付歌星代管，日後離去即負責為其送行。

二是將存摺存款交付歌星代管，並立妥遺囑交代若干事項。

三是叔伯長輩平素即與歌星建立情誼，平日固定前來歌廳聽歌捧場而已，未交付任何金錢財物。

前述第一、二兩種情況的結局是，歌星辦完叔伯們的喪事後，詳細列出收支明細表，將結餘款交付退輔會主管官員或長輩指定之親友及慈善機構，分文未曾中飽私囊。

前述第三種情況是，長輩臥床或住院時，歌星定時抽空前去探病慰問，或攜禮品或贈紅包，而非向長輩需索財物金錢。萬一長輩謝世，歌星會代為聯絡長輩在大陸上的親戚友人，安排來台入境及膳宿等事務。

此外，尚有歌星以孝子、孝女的身份斂衽、跪拜答禮，恪盡孝子女本份。

前述種種情況在在顯示出歌星的情義，充分表現出歌星最美最善良的一面。

彩鳳說，自己有義務有責任將親眼近身所看到所知道的事實說出來，導正大家對這個行業的陌生與誤解，為自己也是為同業的所有從業人員說句公道話。

現在，彩鳳仍然堅守在工作崗位，認真敬業地為客人提供完美周到的服務，也一如既往地，與其他姊妹們去探望拜訪過去常來聽歌而現在在家休養的叔伯長輩們。

菲菲

菲菲

男女對唱，創造一頁「西門町」傳奇

菲菲是個堅毅的北漂姑娘，堪稱是現代北漂族的前輩，年輕的時候就告別父母由高雄北上闖天下。

菲菲到了台北，最初在大信證卷公司任業務員（交易員）工作，業績頗佳，日子過得很平順。一段時間後因家庭因素忍痛離職賦閒在家。賦閒的那段時間眼看著存款數字日益減少，不由得恐慌起來，幾乎得了憂鬱症。不得已，將家人安頓妥當後復出工作，至福國路某證券公司擔任業務員（交易員）。雖然公司上層長官器重他，她也認真敬業拚搏業績，但收入仍不理想，與從前在大信證卷公司上班時的收入落差不小。

菲菲思前想後，認為這樣不是長久之計，必須另闢蹊徑開拓財源，便再度請辭。這是菲菲的人生低潮期，幸好為時不長。

菲菲辭職的第二天美國遭受「九一一」恐怖攻擊。全台各家媒體均大篇幅報導此事，當時「九一一」恐怖攻擊事件的相關報導鋪天蓋地掩蓋了其他新聞與節目，唯獨某家電視台所製作的「追追追」新聞節目因叫好又叫座，不受「九一一」事件的影響，於正常時段照常播出。這期所播出的主題是「紅包歌廳的故事」。菲菲看了這集節目後覺得紅包歌廳的工作挺好的，也適合自己的興趣，充滿人情味也能帶給大家歡笑，還能賺錢維持生計，是個不錯的選項之一。當時的歌廳有兩種制度，一種是月給制，領月薪，另一種是茶單制，要做業績。

人世間往往有許多巧合，巧合得不可思議。菲菲隔壁的鄰居正好在西門町上班，隔壁大樓就是紅包歌廳，所以對紅包歌廳知之甚詳，便將紅包歌廳的來龍去脈一五一十的詳告菲菲並祝福她。

台北市漢中街42號是九層的大樓，是西門町有名的西餐廳大樓，通稱之「歌廳大樓」，九個樓層中有五個樓層是歌廳，從二樓往上算起分別是：

二樓：白金西餐廳，創辦人是白金燕小姐。

三樓：小紅莓西餐廳。

四樓：漢聲西餐廳。

六樓：金銀財寶西餐廳。

七樓：金宮西餐廳。老闆是王少卿小姐。

在當時的西門町，所謂西餐廳通常泛指配備樂隊並且聘請歌星登台演唱的「紅包歌廳」。賓客歌迷們嫌這個稱謂繞口又麻煩，就乾脆簡化稱之為「紅包場」，這麼叫著叫著也就約定俗成，習慣了這個稱呼。

某日下午，菲菲穿戴整齊薄施胭脂來到這棟歌廳大樓。由於二樓的白金西餐廳是由左側的樓梯登樓，電梯不達二樓直上三樓以上樓層，菲菲便循序上了三樓的小紅莓西餐廳、四樓的漢聲西餐廳、六樓的金銀財寶西餐廳等三家西餐廳。分別推開這三家西餐廳的門，探頭朝裡面看了看，映入眼簾的是寬廣的空間稀稀落落地坐著為數不多的客人，台上的歌星敬業地演唱著歌曲。

三家西餐廳的現況都差不多，並沒有鄰居所形容的那種盛況。菲菲的心情頗為沮喪，看樣子這些西餐廳的營業狀況都與自己所想像的落差頗大……

菲菲拖著沉重的腳步順著樓梯走上七樓金宮西餐廳，好歹已經來了西門町，也進了這棟大樓，看過了七樓金宮西餐廳再做打算。到了七樓尚未推開門，即聽到嘈雜聲，彷彿嘉年華會似的鑼鼓喧天人聲鼎沸。菲菲推開門探頭往裡看，瞬間嚇呆了。哇~不得了，滿坑滿谷都是人擠得像沙丁魚似的，通道上、電梯口也都站滿人，整個大廳裡摩肩接踵水洩不通，大家都像發瘋似的歇斯底里的跟著台上的歌星大聲合唱……。

菲菲看呆了，思忖道鄰居沒有騙我，這就是鄰居口中所說的盛況。原來這天是大陸籍紅歌星曹雨婷小姐的生日，歌廳連續三天推出精心策畫的特別節目，加上有效的宣傳行銷吸引了其他同業的賓客也來觀賞特別節目。所以金宮西餐廳這三天場場爆滿。

菲菲硬著頭皮，壯著膽子找到了現場負責人「炳哥」，說明來意。炳哥打量著菲菲，心裡想，這麼亮眼又有氣質的姑娘肯學肯吃苦的話，餐廳加以好好培養訓練，日後必成熠熠紅星，問了幾句話後便安排菲菲暫坐一年長客人身旁觀賞曹雨婷小姐的生日特別節目，要她仔細觀察台上歌星的一舉一動一顰一笑及歌星與賓客之間，台上台下互動交流的情形。炳哥隨後報告老闆王少卿小姐此事。翌日菲菲依約至金宮西餐廳面見老闆，王少卿熱情真誠地說了歡迎勉勵等一番歡迎辭，並鼓勵菲菲努力學習，有困難直說不諱，看好菲菲寄予厚望云云。

菲菲便駐足在金宮西餐廳登台演唱開始嶄新的人生。不料，僅登台一個星期便因不熟悉「潛規則」遭排擠，便掛冠求去。在家休息了三、五天，菲菲審視自己在金宮西餐廳一週來的表現及遇上的各種狀況，並做了沙盤推演，確定自己今後的演唱風格與處世應對之道，便又復出，回去金宮西餐廳繼續演唱。

在當時西門町大大小小的西餐廳、歌廳有個約定俗成的習慣，也是默契：歌星鮮少與客群互動交流，更別說歌星與賓客同桌近距離接觸的談話。至於打情罵俏或曖昧言行或更為放浪形骸的舉止更是天方夜譚。

歌星演唱完畢向台下賓客鞠躬後回後台換回便服即離去，不會刻意至大廳賓客席找尋熟識的賓客聊天。眾歌星皆嚴守份際潔身自愛不會發生踰越禮教的事情。而賓客歌迷們也都是君子、紳士，人人自重自愛，純粹聽歌，不摻一絲雜念。那是個令人懷念、值得回憶又回味無窮的時代。對比今天的社會風氣，撫今思昔，真的令人不勝唏噓！

菲菲堅守原則，下了舞台就走人，辭謝一切交際應酬，每天活動範圍就是住家與西餐廳的兩點一線間，再無其他，在西門町這個大染缸進出多年不曾有過任何負面傳聞，贏得大家的尊敬，既維持了自身良好的形象，也維繫了業界與金宮西餐廳悠久優良的傳統。

菲菲在西餐廳演出多年，敬業樂群潔身自愛的形象深入人心，引起賓客們的好感，也逐漸有了自己的粉絲群。有位上校軍銜退伍的榮民秦伯伯就很欣賞菲菲的風格氣質，時常來聽歌順便探望菲菲，是那種長輩對晚輩的關愛疼惜，彷彿是春風吹撫沁入人心的溫馨。秦伯伯經常會在午場節目結束後，約傍晚五時許，邀請菲菲與其他一票同事歌星共進晚餐，絕不會單獨邀約單一歌星吃飯或喝咖啡。而歌星們也都有默契絕不會單獨一人單槍匹馬赴約，肯定是大夥兒同進同出，幾個姊妹一同出席邀約。這是當時的風氣也是公認的交流方式。

菲菲在金宮西餐廳演出二年半的時間由一名青澀嬌羞的菜鳥脫胎換骨成為一名具有玉女名媛氣質的熠熠紅星，在業界闖出名號有了自己的一片天。

這時商界聞人周迺忠先生新開設「群星會」西餐廳，重金網羅西門町餐廳界各紅牌大牌歌星，菲菲亦在其口袋名單之列。可惜不知是經營不善還是時運不濟，群星會西餐廳在短短二年內二易其手，最後由歌唱界前輩、知名歌星韋莉莉小姐接手，更名為「金朝代西餐廳」重新出發再戰江湖。

韋莉莉是歌唱界老將，人脈雄厚，是業界大姊大，深諳圈內生態並研究心理學與行銷學，堪稱是內外雙修文武雙全的管理將才。

男歌星「逸飛」是個溫文儒雅斯文俊美的大男孩，素有師奶殺手的稱號，比菲菲早一週進入西餐廳演唱。梳理整齊又乾淨的髮型、臉上架著細框金邊眼鏡，配上白皙的皮膚與靦腆的笑容，立刻在西門町引起轟動，令無數進出西門町聽歌的女性賓客競相為其折腰。

韋莉莉將逸飛與菲菲挖角至旗下，大膽安排二人主唱黃金時段（晚間八時至八時卅分）並言明沒有業績要求，只要二人專心認真把歌唱好即可。新開幕的金朝代西餐廳裡紅歌星大歌星薈萃雲集，又有楊雅樵小姐、侯湘君小姐等實力派歌手坐鎮，堪稱極一時之盛。韋莉莉安排菲菲與逸飛二位資淺後輩主唱黃金時段，圈內人咸以為有悖常情常理不按牌理出牌，對歌廳營運不利，很為韋莉莉捏把冷汗。

韋莉莉獨排眾議、堅持己見。她果然有眼光，老早就看出菲菲與逸飛的潛力，確信她（他）們二位是可造之材明日之星。開幕後的前七個月天天爆滿座無虛席，羨煞圈內同業，而菲菲與逸飛也一砲而紅榮登西門町歌唱界天王天后寶座。二人一路長紅氣勢如虹幫老闆韋莉莉賺進大把鈔票也寫下西門町一頁傳奇。

所謂台上一分鐘，台下十年功，正是菲菲心路歷程的寫照。

菲菲初在金宮演唱時因不熟悉圈內生態潛規則，又是菜鳥，著實吃了些苦頭受了委屈，但菲菲以開闊的心胸看待這些橫逆障礙，展現出過人的氣度與胸襟。將這些委屈當作是成長必需的磨練與養分吞下肚，兀自埋首鑽研聲樂音律，不在意外界的流言蜚語。

菲菲印象深刻的是剛開始登台演唱〈踩在夕陽裡〉時，常被樂隊的打鼓老師斥責指她音律不準節拍不符，有時菲菲正在台上演唱，打鼓老師就在身後邊打鼓邊酸她，讓菲菲備感壓力。但菲菲韌性強鬥志高，打鼓老師此舉反而激起菲菲的好勝心與榮譽感，她發誓要將歌唱好，要在圈內闖出一個名堂，要讓那些嘲笑她等著看她出醜的人刮目相看。

下台後菲菲就虛心請教資深前輩與具備專業聲樂修為的同事（如王少卿等人），糾正自己的唱腔與節拍，學習換氣、樂譜等技巧與學問。那些前輩、歌星同事們對於她的請益求教，都毫不吝惜、絕無藏私地傾囊相授，又諄諄告誡圈內的禁忌與戒律。至今菲菲憶往，猶感謝這些生命中的貴人，是這些貴人滋潤了菲菲的生命，幫助菲菲強化了生存的功力，使她這北漂女子得以在西門町站穩腳步安身立命。

廿餘年的歌唱生涯中，有三位常來聽歌的賓客是菲菲的另一類型的貴人、恩人。一位便是前文所提及的榮民秦伯伯。當時秦伯伯每來聽歌便會私下塞個二仟元的紅包給菲菲，這對於時常阮囊羞澀的菲菲而言可真是及時雨，來得正是時候。菲菲在金朝代西餐廳演唱四年後轉至由名歌星楊文瑄主持的「星光百分百」西餐廳繼續演出，秦伯伯也一如既往前來探望菲菲。

菲菲與秦伯伯十數年來持續維持著極為良好的情誼，菲菲對秦伯伯的照顧銘記在心沒齒難忘。

另一位貴人、恩人是綽號「蓮霧」的李大哥。李大哥是台北望族的世家子弟，風度翩翩又多金，更是位有風度有教養的紳士，大家都喜歡他。當時在西門町的西餐廳、歌廳業界，「蓮霧」是最常被女性歌星與賓客們談論的話題人物，不時有異性主動示好或故意製造機會，但「蓮霧」不為所動彷彿情竇未開不解風情似的裝傻。這樣優質的男人真是人間沒有天上少有，卻也動了凡心，對菲菲產生了好感。

「蓮霧」在台中市鬧區開設一家高檔西餐廳，以裝潢擺設、地點、菜色服務而論堪稱是大台中首屈一指的五星級豪華飲宴交際場所。

「蓮霧」每星期回台北一次探望雙親、妻兒，盤桓二天後便回台中工作。每回來台北便與好友「聲寶陳」相偕至西門町聽歌。「聲寶陳」亦係台北望族的世家子弟，其家族所經營之事業乃國內有數之老牌上市電子公司，「聲寶陳」即在其家族經營事業體系中任要職。所謂「龍交龍，鳳交鳳，老鼠的兒子會打洞。」，「蓮霧」與「聲寶陳」兩人家世背景相當，又具相同的眼界、境界，兩人的水平從各方面看來都是屬上流階層，故此二人私交甚篤，時常聯袂至西門町聽歌。時間長了便認識其他聽歌的同好與歌星。「蓮霧」時常邀請這些朋友們至台中遊玩，熱情接待，除自兼導遊引領觀賞勝景，更延請朋友群至自家餐廳飽餐滿漢全席或海陸大餐，必令群友盡興而歸。「蓮霧」與「聲寶陳」在西門町聽歌多年，從不流連固定西餐廳，亦不耽溺某一歌星的風采姿色。某日「蓮霧」與「聲寶陳」二人偶至「星光百分百」西餐廳聽歌，二人入場時正值菲菲在台上演唱完畢向台下賓客鞠躬道謝退入後台，僅這電光石火的驚鴻一瞥，這北漂女子臉部表情所顯現的美麗與哀愁已然深深映入「蓮霧」眼中，她那冷艷高傲又略帶憂鬱的氣質瞬間使得平素穩重自負心如止水的「蓮霧」亂了方寸，對菲菲留下無法磨滅的印象。此後「蓮霧」與「聲寶陳」二人至西門町聽歌必至「星光百分百」西餐廳探望菲菲，散場後亦禮貌地邀請數位歌星賞光共進晚餐，當然其中菲菲必不可缺。菲菲條件極佳，不惟歌藝出色，外貌身材亦十分搶眼，雖欠缺戀愛經驗，但被仰慕心儀的經驗卻很豐富，加上女人與生俱來細膩的心思與縝密的觀察，「蓮霧」的肢體語言與喜怒哀樂全被菲菲這雙閱人無數的火眼金睛所看透而無所遁形。

自從投身金宮西餐廳登台演唱以來，每天菲菲的臉上即罩上一層冰霜，既無笑靨也無表情，更不與賓客交流寒暄，令人覺得高傲難以接近難以相處。圈內人皆知菲菲是獨行俠、群而不黨，行色匆匆行蹤神秘，向來不說自己的歷史與心事。關於外界對自己的看法，菲菲自述，身處一個被異性包圍的環境中稍微疏忽不慎就極易受傷害，也極易不經意間傷害別人，我故意裝作冷淡漠然的樣子只是避免自傷傷人罷了，哪裡是高傲難相處？

菲菲看穿「蓮霧」的心事，仍一貫奉行自己的原則，嚴格遵守絕不破壞別人家庭的戒律，絕不與賓客發生感情，與「蓮霧」保持若即若離的情誼，二人之間從未擦出火花，更未逾越「禮教」這條紅線。其實男女之間的關係，有時候做朋友比做情人、做夫妻更合適，如果二人無法進一步結合結褵，就誠摯地祝福彼此吧！

另一位讓菲菲終身難忘的客人是黃姓股市名嘴，該名嘴偕妻前來聽歌乍見菲菲即驚為天人，趁其妻分心時塞給菲菲一個紅包，菲菲不察，散場時竟向其妻道謝，菲菲實在是有夠神經大條！

未幾黃某即經常現身西餐廳，每次必給厚禮（大紅包，內包伍萬元）。菲菲幾度拒收，又被送了過來。黃某某次私下邀約菲菲餐敘，菲菲拜託同事某港籍歌星陪伴赴約。三人共餐氣氛融洽，黃某交付菲菲一張信用卡，請菲菲儘管刷卡，沒有限額，不需客氣。菲菲推辭婉拒，黃某瞪起銅鈴大眼狀極猙獰，堅持菲菲收下使用。為免氣氛僵凍影響用餐心情，菲菲只得暫且收下並言明僅係代管，將分文不用此卡。嗣後黃某即不時前來西餐廳探望菲菲，或送紅包或送禮物或宴請菲菲，展開熱烈追求攻勢。菲菲自我警惕務必把握分寸俾免引狼入室引火自焚，故每逢黃某前來探視，菲菲能躲就躲能閃即閃，閃躲不過便婉言敷衍應付。儘管黃某出手闊綽頗具一擲千金之財力，但其人風度教養學識不佳，十足暴發戶的形象，與其他溫文儒雅彬彬有禮之紳士型賓客差距實不可以道里計。

果不其然，某日菲菲獨自閒逛百貨公司時，赫然看見上次陪同赴約之港籍歌星竟與黃某同行至百貨公司購物，二人言行狀極親密如情侶夫妻般，黃某代該女付帳後二人挽手相偕離去。菲菲目睹全程內心五味雜陳百感交集直嘆人心不古世風日下。

日後再遇該港女或黃某時，菲菲表現如常面無慍色，亦未揭穿當日在百貨公司目睹之事。某日黃某告白菲菲並求婚，稱已離婚恢復單身，欲娶菲菲為妻，請菲菲開出條件，無不應允。復鼓其三寸不爛之舌誆騙菲菲曰：苦追多年頗為相思所苦，願與菲菲相偕白首云云……。

個性耿直的菲菲實在聽不下這睜眼瞎話，便據實以告日前在百貨公司所目睹之一切。黃某聽聞所述過程啞口無言面紅耳赤囁囁不知所云。菲菲趁機將之前黃某交付之信用卡璧還並告之分文未取。黃某惱怒不甘，拂袖怏怏而去。臨行前，菲菲婉言相勸曰，二人已維繫長久友誼實屬不易，且做朋友比做夫妻為佳，互不隸屬亦無束縛，願與黃某繼續保持朋友情誼。黃某拒受菲菲諍言，從此二人成陌路。

未幾黃某與該名港籍歌星成婚，菲菲亦餽贈厚禮，除感謝黃某昔日之照顧愛護亦衷心祝福二人。詎料僅年餘即傳出該港籍歌星輕生噩耗。死因為何眾說紛紜莫衷一是，種種傳聞在圈內不脛而走：

有云曰，係不堪家暴所致……

有云曰，黃某素有惡癖……

……

圈內眾女歌星引此案為借鑑，相互告誡知人知面不知心，切莫貪戀錢財虛榮成為下一名受害者。

菲菲現在依然過著黃金單身女郎的快樂日子，每天專注在工作上，感情的事，就隨緣吧！

葳葳

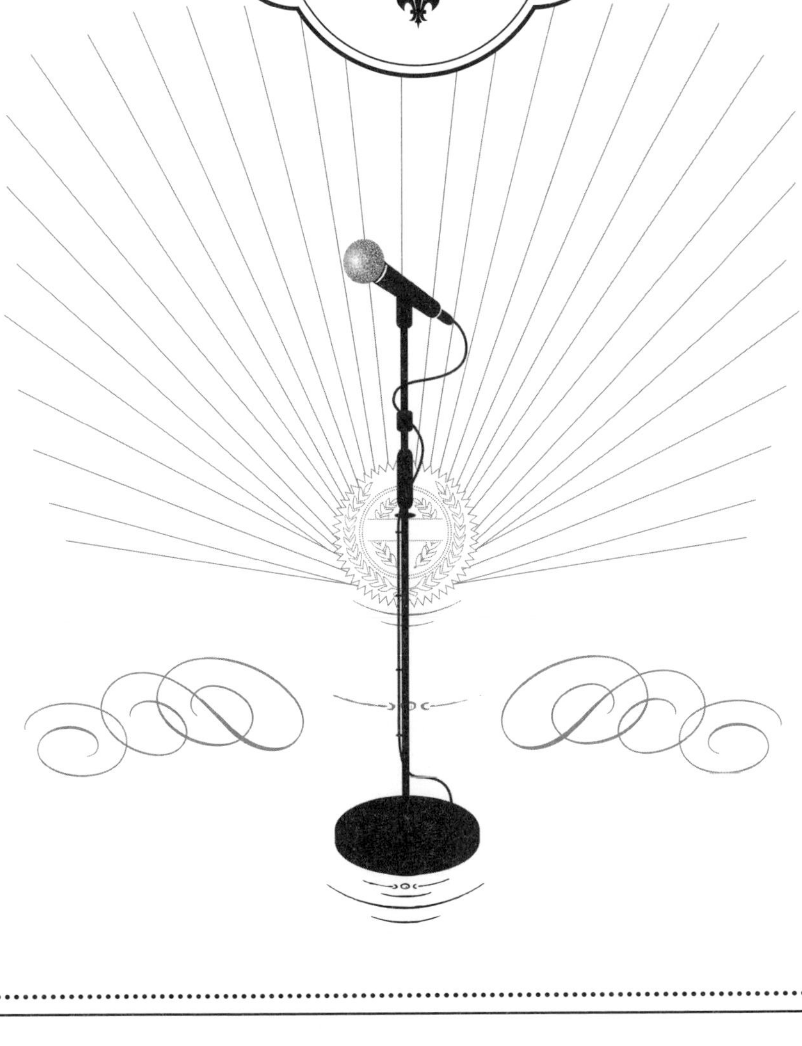

崴崴

五燈獎（五度五關）擂台主

崴崴是實力派歌星，過五關斬六將之後獲得歌唱比賽冠軍，也贏得歌唱界的認可推崇。

民國六十三年崴崴參加台視五燈獎第四擂台歌唱比賽，經過幾輪循環淘汰賽後脫穎而出獲得冠軍。這個略帶靦腆又笑臉盈盈的年輕女子上台領獎時的純潔形象深深嵌入全國電視機前觀眾的心裡。

崴崴的媽媽是湖南師範學校音樂科畢業生，來台灣後在學校擔任音樂老師。從崴崴牙牙學語的時候就拉著她的小手哼唱兒歌、童謠。稍大些，就像在學校授課那樣，教導自己的女兒聲樂、樂理、唱腔、換氣等歌唱基本功，所以葳葳有著相當紮實的音樂基礎。

日後葳葳考進中國文化學院舞蹈科第一屆（成立於一九六四年，為修業五年之專科學制），專攻舞蹈，凡是民族舞蹈、爵士舞、花式舞蹈、芭蕾舞、社交舞，均有所涉獵。在舞蹈科就學期間葳葳著實吃了不少苦頭，扎扎實實地打下舞蹈的基礎。由於同時具備音樂與舞蹈的基礎，所以十九歲那年，舞蹈科尚未畢業，葳葳一舉就考取國軍藝工隊，開始學習更進階的演藝功夫，同時也訓練面對群眾的膽量與台風。

藝工隊的師長們嚴格傳授說學逗唱以及各類樂器的技巧與精髓，有些深入有的淺出，凡是與表演相關的科目均在授課範圍內。藝工隊採用軍事化的管理方式，過的是團體生活，規矩多規定嚴，就這樣葳葳開始了半工半讀的日子。藝工隊在金門馬祖勞軍演出時，學員均需跟隨著分擔庶務工作或偶爾客串演出，算是邊學邊演現學現賣的教學課程。

嚴格說來，二年間的苦練苦學，在藝工隊所受到的磨練與所學到的功夫才是葳葳日後在演藝界立足的憑藉。在藝工隊，葳葳才真正學到表演的精髓。

早期的國軍藝工隊可說是國內藝人的搖籃，培養出許多傑出的演藝人才。許多在演藝界闖出名號大紅大紫的藝人都曾在國軍藝工隊接受過培育鍛鍊，例如曾經紅極一時歷久不衰的楊小萍、林松義、陳蘭麗、青山等天王天后級演藝人員以及其他許多大牌紅牌藝人（因人數太多不一一列舉）皆是出身藝工隊。長時間在這許多傑出優秀人才的潛移默化之下，孕育出葳葳臨危不亂悠然從容的大將風範，培養出葳葳大格局大氣度的性格。

婚後葳葳離開藝工隊開心地當個小妻子過起喜悅甜蜜的生活，深深地沉浸在新婚的幸福裡。這樣快樂的日子過了七個年頭，直到有一天……。

某日葳葳看著台視五燈獎歌唱擂台節目，原本心如止水恬靜平穩的情緒霎時躁動不安，竟然起心動念、意欲參加這個歌唱擂台節目的競賽。一方面是在家裡憋太久了，葳葳自認與世隔絕，與社會脫節了。二是在家中歌唱自娛，自得其樂，雖自我感覺良好，但沒有聽眾師長的監督鞭策，總是有點兒心虛，生怕自己苦學多年的演藝功夫寶刀就此荒廢了。懷著惴惴不安的心情，葳葳報名參賽台視五燈獎歌唱擂台節目。雖說參賽，但是葳葳也沒啥把握是否得獎奪魁，就給自己訂下目標：志在參與、不在得獎。這樣就沒有壓力了，自己也不會緊張兮兮的。果然整個賽程中，葳葳不浮躁焦慮、不患得患失，就像在家中唱歌自娛那樣從容悠然地唱出了應有的水準，一路過關斬將。最終贏得了冠軍，這年葳葳廿七歲，是個育有二子的少婦。

只要是金子，就會發光發亮，縱使埋沒再久，它仍然是金子。

依慣例，台視會與五燈獎的歌唱冠軍得主簽約，納為旗下基本歌星並予以力捧，使其發紅發紫壯大台視聲勢。但對於已婚女性則較為排斥，以此之故，雖然葳葳是五燈獎的歌唱冠軍卻未受到台視的青睞，並未受邀簽約為台視的基本歌星，為此，葳葳心靈上頗感受傷，但她毫不氣餒也不憂傷，很快地就打起精神秉持平常心，依然做個快樂的賢妻良母。她認為得到歌唱冠軍，已是上蒼給她的恩寵，比起別人，她已獲得太多，不應再要求其他更大的利益或好處，那對世人並不公平。正是這種不貪不求的態度，有人注意到她。

上帝是公平的，祂給妳關上一扇門，必定也會給妳打開一扇窗，誠如孔子所言：天無私覆，地無私載，日月無私照。

台視未將葳葳納為旗下基本歌星，倒是中視高層有看到葳葳的前瞻性與發展性，立即出手簽下葳葳為長達十年期的基本歌星，並大力捧她，密集安排各項演出活動，唯一限制是，不可參加其他二家電視台的演出。至於坊間西餐廳歌廳或公演義演的邀約不在此限。

首先邀約葳葳演出的單位是位在中山北路一段六條通的金鑰匙大酒店，幕後老闆是業界名人楊國平與王瑞雄，此二人在業界素有呼風喚雨排山倒海的能耐，人脈極廣與社會賢達名流交好，所以金鑰匙大酒店的賓客向來水準極佳有口皆碑，客戶群有歐美人士，也有不少日本人，台灣本地人客戶所佔比例不高，而店內的服務人員多係能操流利英、日、法、西等外國語的名校女大生以及高水準的新加坡樂隊，這樣的環境當然要聘請高水準高格調的演藝家為賓客演唱助興。

在此之前，民國五十六年時天工牙膏公司與徵信新聞報（中國時報前身）舉辦歌唱比賽，初賽結束時葳葳第二名，陳今佩（即知名藝人大白鯊）是第四名。決賽時竟然沒通知葳葳參賽，那次決賽陳今佩是第一名。葳葳不服，質問主辦單位為何沒通知參賽？對方答覆曰：我們得罪不起軍方。原來藝工隊長擔心葳葳得名次後脫離藝工隊另棲高枝，所以才對主辦單位施壓，阻撓葳葳參加決賽。為此，葳葳決心離開藝工隊，另尋出路。未幾，葳葳結婚、懷孕，離開藝工隊。對於藝工隊而言也有不得已的苦衷。藝工隊好不容易才訓練培養的大將尚未完全發揮作用即離隊，那麼這三年多來花費在葳葳身上的心血就白費了，何況，並不是人人皆如葳葳般有著聲樂與舞蹈基礎，還要有天賦的歌喉以及面對群眾的膽量與台風。老實說培養一名成熟的將才確實不易。藝工隊長阻撓葳葳參賽，其動機是希望留住葳葳強化藝工隊的陣容，在勞軍活動時能夠提供更優質的節目與人才慰勞三軍將士，所以藝工隊長這麼做雖出於私心，卻是他份內必須也不得不做的事。

大約是民國五十五年左右，台灣的歌星開始去東南亞國家演唱，台灣歌星所到之處車水馬龍場場爆滿，當地華人、華裔人人喜歡來自台灣的國語歌曲、台語歌曲、民謠，走在街頭巷尾隨處皆能聽見有人哼唱來自台灣的歌。後來包括日本與香港的歌唱市場都被來自台灣的歌星攻陷。彼時香港尚未流行廣東歌，台灣的歌曲在香港一支獨秀佔據了香港人的心。

歌后鄧麗君也就是在這個時期赴日本發展大放異彩而成為家喻戶曉的天后級歌星，既為國爭光也是華人之光，至今歷久不衰為老輩日本人所懷念。

葳葳也因精湛的演藝才華而被相中，遂趁著這股出國演唱的熱潮多次赴星、泰、港演唱而聲名大噪，在當地華僑心中留下不可磨滅的印象。

民國七十年代末，宏聲西餐廳的老闆「四姑」延攬葳葳前來駐唱，後來宏聲西餐廳與安迪西餐廳合併，葳葳便轉至安迪西餐廳繼續演唱。那時期曾風靡全台的餐廳秀已是強弩之末逐漸走下坡，原先表演餐廳秀的各家大型西餐廳秀場紛紛轉型為純唱歌純喝茶的歌廳型態。

最早也是宏聲西餐廳率先演變為紅包歌廳的，起始是這樣的：

榮民毛伯伯每逢年節就包個二百元的紅包給台上獻唱的歌星，算是長輩給晚輩的壓歲錢或年節賀禮、見面禮，表達一個長輩對這些像兒女般的後輩歌星們的關懷呵護心意。這個簡單的小動作也僅是身為長輩的毛伯伯平時對親族鄉里的晚輩表示嘉許、慰勞之意，並未對「紅包」賦予其他意涵或特定目的。不料僅僅是簡單不經意的動作，也僅僅是單純不含任何雜念的心思卻在西門町的眾多歌星駐唱的西餐廳裡引起極為熱烈的迴響與反應。這個蘊含著關懷呵護、嘉勉慰勞，祝福等眾多意涵的動作立刻由宏聲西餐廳擴散至西門町其他所有歌星駐唱的西餐廳。出入西門町、前來聽歌的賓客爭相模仿毛伯伯，在紅包袋裡放個一百元或二百元的紙幣，當熟悉的歌星或欣賞的歌星在台上獻唱時，上前遞給她。一時間，這個遞送紅包的動作蔚為風潮。尤其是紅色的紅包袋隱喻吉祥福氣等意象，非常討喜。後來這個遞送紅包的動作也延伸至歌星生日時或賓客點歌時的賀禮、謝意。於是乎，純粹唱歌聽歌以歌會友的西餐廳式歌廳就這樣逐步演化成了今天的紅包歌廳的雛型。據統計，在紅包歌廳的最盛時期，僅西門町這彈丸之地就同時有十五家同性質的紅包歌廳營業，家家座無虛席日進斗金。在紅包歌廳工作的從業人員包括歌星、服務生、樂師、及其他提供後勤支援的庶務人手超過二千人。若算上衍生而來的交通、餐飲、服裝、美容美髮、化裝、酒、水、茶葉、水果、糕點等相互依存共生共榮的周邊產業工作人員，這個行業的產值與活絡經濟的貢獻可謂厥功至偉。

從民國七十年開始，在蔣經國總統「莊敬自強。處變不驚」的號召下，全國上下一心戮力奮鬥，經濟發展一日千里，各行各業呈現欣欣向榮景象。股市也是迭開紅盤一路長紅直逼萬點大關，投資公司異軍突起，熱錢大量湧入股市房市，可說是百業興隆、盛況空前。

百姓口袋有錢了，社會上千奇百怪、光怪陸離的新潮娛樂場所也多了，先前蔣公逝世、中壢事件、美麗島事件、中美斷交等籠罩在國人心頭上的烏雲陰霾也都一掃而空。人人都乘著這波景氣的浪潮下海弄潮戲水，淘金淘銀，當然葳葳的機會已增加了許多，她看準時機四處兼職跑場。

葳葳先後在宏聲與安迪西餐廳演唱時即是萬眾矚目的對象，圈內人業界的老闆前輩先進們皆肯定葳葳的歌藝不凡，於是各方邀約紛至沓來，葳葳遂開始了在西門町各餐廳間的跑場生涯，最多時，一天曾經趕了十一個場次。每天馬不停蹄的跑場趕場，幾乎累壞了。由於身體負荷不了這樣的折騰，葳葳長考後，決定辭謝所有兼職跑場的機會，專心在紅包歌廳獻唱，雖然收入大幅減少，但身體可獲喘息調養機會，甘之如飴地做個專職歌星不再得隴望蜀。

來西餐廳聽歌的客群中以榮民叔伯們居多，他們大多數未婚單身，寂寞無聊時就約在餐廳聚會，能與過去的袍澤老友見面，還能聽到喜歡的老歌，又有工作人員親切有禮的服務，以及宛若家中兒女，像親族中後輩的歌星們的噓寒問暖關懷備至，所以許多的榮民叔伯們及公教長輩們都將餐廳當做第二個家，既是精神寄託也是紓解鄉愁的去處。

歌星們與這些客群們由陌生而熟識，由靦腆羞澀而開朗大方，一步步地建立起家人親族般的情誼。

這些退休的軍公教人員從年輕時即離鄉背井追隨國府遷台，漂流異鄉台灣數十年，其間不通音訊未獲鴻雁隻字片語，家鄉親人生死未卜故國家園秀麗山河是否安在，此等所思所念夜夜浮現眼前往往夜不成寐，思鄉深情日甚一日，每於聽聞懷舊老歌時觸景生情，感傷自己飄零浮萍般的人生既無根又無望，當場掩面啜泣、哽咽失聲者大有人在。

面對這些長輩情緒低落時，葳葳心痛又不捨，只有多加關心問候，在心理上精神上給予支持打氣使其堅強迎向未來。政府開放探親後，原籍大陸的客群紛紛組團返鄉探親尋根，前來聽歌的賓客大為減少，也有長輩們探親歸來後，拎著家鄉的農特產品前來送給葳葳及其他同事，並一如既往定時前來聽歌，只是神情多了些落寞與失意。原來這些叔伯長輩們回鄉後發現景物依舊，只是人性全非，大陸的親友們所關注的是返鄉探親者所攜回的金錢與禮物，人情義理與親情友情早已蕩然無存。

這種情況並非單一個案而是普遍現象。大陸同胞在鄧小平宣布改革開放的頭數年間猶是一窮二白分文不名，大多對於金錢物質的渴望需求遠超過對親情情誼的重視。於是滿腔熱血激情的探親叔伯們在對人性的失望下認清現實，知道當下的親朋好友鄰里鄉黨已非他們離家遠行時的那個人了，肉身仍存，但人心人性不在，心寒之餘便又拎著行李回台灣了。至少台灣有西餐廳、歌廳可以紓壓解悶，至少有歌星們可以唱緩解鬱悶的歌以及親切不帶任何目的的關懷問候。

家鄉已回去過了，親人已探望過了，鄉愁已化成輕煙消逝無蹤，對家鄉的人事物徹底寒心絕望的人所在多有，從此不再去了，台灣就是我的家，我的根！

葳葳心疼這些長輩們精神上心理上所受的刺激與衝擊，時常主動打電話關懷問候，或邀約幾位彼此熟識的叔伯長輩們聚餐、喝咖啡，葳葳做東宴請大家，化解心頭上的煩悶不快。如若聞知某位長輩微恙不適，便邀約歌星同事前去住家或醫院探望慰問表達關心重視。

多年來葳葳時常出席告別式會場，送走不少叔伯長輩，虔誠恭敬拈香頂禮，恭送他們心無窒礙順遂前往天國。

現在的葳葳洗盡鉛華回歸家庭享受天倫之樂，偶爾約老友喝個下午茶憶往，暢談人生。

鄭天惠

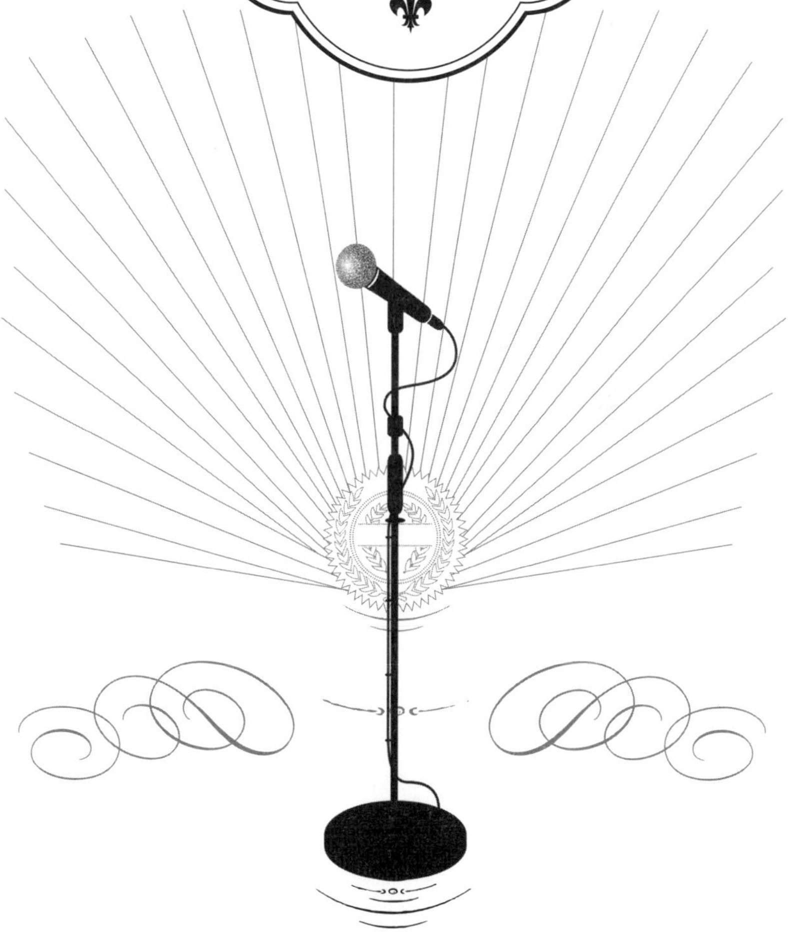

鄭天惠

施展十八般舞藝的「青春女鼓王」

鄭天惠是全方位藝人，說學逗唱、中英日台語歌曲之外，舞蹈、吉他、打鼓樣樣在行，還有，擅長推廣宣傳、搞行銷活動。

早年鄭天惠就去美國、日本演唱，舞台上一個人載歌載舞或自己邊打鼓邊唱歌，或揹個吉他自彈自唱，被當地歌迷與圈內人封為「青春女鼓王」，在海外多年巡迴演出後，一路紅回台灣。

尚在海外演唱時即有國內經紀人前去觀賞，認為鄭天惠爐火純青的鼓技與吉他演奏，加上青春洋溢的中英文雙聲帶歌聲搭配極富韻律感的肢體節奏，是天下少有的出色演出，遂力邀鄭天惠回國演出以饗國內歌迷。

在海外巡迴演唱一圈後，鄭天惠回國休息並擘劃下一輪巡迴演唱的行程，這時翟曼芳找上門來。

翟曼芳當時在白金西餐廳登台演出，以抒情的藝術歌曲與國語老歌見長，人稱「抒情歌后」，與鄭天惠熟識，素知鄭天惠在舞台上的功力與能耐。某天無意中得知老闆白金燕正為了「英文歌后」趙曉君休假找不到合適的代班人選而苦惱，翟曼芳便大力推薦當時人在國內休憩的鄭天惠。老闆白金燕早已耳聞鄭天惠在海外巡迴演唱的輝煌事蹟，也肯定其在演藝事業上的成就，只是，人家是見過世面、國際級的知名巨星，我這個白金西餐廳一間小廟能否請得動大菩薩？白金燕略為猶豫便立刻委託翟曼芳出面代表自己邀請鄭天惠前來白金西餐廳演出，對鄭天惠寄予厚望並大肆宣傳鼓吹。

鄭天惠果然不負厚望，在白金西餐廳登台演出僅三天即造成轟動一炮而紅，持續演出三個月期間奠定了在西門町歌廳界演唱的基礎。由於鋒頭太健，鄭天惠擔心搶了別人鋒頭，對老友不好意思，便轉至金宮西餐廳登台演出。

金宮西餐廳的老闆是王少卿，她是個深具俠義風格、雍容大度的奇女子，頗具巾幗英豪的作風，業界皆知她是重情義重承諾的好老闆，將所有歌星視為姊妹般照顧，平日隱身幕後，餐廳的照料庶務悉交由另一股東李芊慧打理，自己落得輕鬆自在。

鄭天惠轉至金宮西餐廳演出，王少卿要求樂隊添購吉他、電吉他、爵士鼓一套以及薩克斯風、手風琴、電子琴等樂器，以便鄭天惠隨時取用各樂器隨興演出，不做任何限制，讓鄭天惠的演藝天分盡情發揮。

這時多家附設有夜總會的五星級大飯店與大酒店或公演義演的邀約也紛至沓來，鄭天惠幾經長考便停止了海外巡迴演唱的行程，專心在台灣地區兼職跑場，最高峰時每天多達十一個趕場表演行程，忙得分身乏術。幾經思量，鄭天惠覺得在白金西餐廳與金宮西餐廳穩定演出即可，給自己留些沉澱、休憩的時間，遂忍痛逐一割捨跑場演出的機會，專心在西門町白金、金宮兩家西餐廳演出。

鄭天惠在西門町演唱期間，驚異的發現，來到西餐廳聽歌的賓客群體中不乏知名學者、大學教授、政府現任或卸任官員以及包含檯面上的政商名流。大家都穿戴整齊，衣冠楚楚的正襟危坐在座席上，專注傾聽台上歌星的演唱。台上台下相敬如賓，各自恰如其分地表現出自身優雅的風采與風範。鄭天惠說，那真是最令人懷念、最好的日子，人人富而好禮、進退有節，個個不虛矯不妄為，恰恰就是大同世界。

在西餐廳演出的歌星有穩定的收入，聽歌的賓客也都能接受平價的消費而不致增加負擔，歌星與賓客雙贏皆大歡喜。當然，鄭天惠最感激的是翟曼芳，是翟曼芳向白金燕大力薦舉，引領鄭天惠踏進歌廳界建立了自己的人生舞台，另二位要感激的是白金燕與王少卿二位老闆，是她們二位給了鄭天惠充分展現演藝天賦與發揮才能的舞台，由於白金燕與王少卿的充分信任與授權，鄭天惠得以施展十八般武藝，在歌唱界掙得了屬於自己的天空。

春去秋來歲月流逝，賓客也逐漸凋零，每有噩耗傳來，大家都很難過，盡可能去送行，祝願他們在另一個世界與親人相聚，不再骨肉乖離，有時幾個姐妹輪流去守夜，並推派代表去參與治喪事宜，大家共同出錢出力恭送最後一程，也謝謝這些叔叔伯伯們一路以來的支持鼓勵。……說著說著，鄭天惠的眼眶不由得紅了起來，聲音也哽咽了……

卅年來，鄭天惠放棄、割愛了不少趕場赴西餐廳、夜總會、公演的演出機會，卻從不忘記或放棄趕這兩場：告別式會場與火葬場。這也是所有在西門町出入、在西餐廳演唱的歌星們所不能錯過的兩個場次……

人間時時有真愛，世間處處見溫情，洵非誣言也。

除了舞台上的演藝功夫之外，鄭天惠還有一項不為人知的的本領：推廣、宣傳、行銷。因為早年鄭天惠在海外巡迴演出，每至新的城市，首要任務便是宣傳行銷所屬團隊的節目內容與人員陣容，長期下來鄭天惠練成行銷高手，漸漸地西餐廳的歌星同業們也知道了鄭天惠的這手絕活，便紛紛聘請鄭天惠依各該餐廳的條件、現況規劃負責各該餐廳的行銷宣傳重任，意外地成為鄭天惠另一項收入來源。

從十幾年前起，鄭天惠開始培養中生代歌星做接班準備，將自己的一身本領與經驗心得毫不保留地傳授給後輩，並推薦至相關表演場合作臨場實習觀摩。

鄭天惠總結自身卅年演藝生涯的經驗認為一個成功的藝人必須具備三要件：

一是歌聲好，一開唱就能引人注意，並不造作矯情、怪腔怪調。

二是外型好，不需美艷妖嬌，但要讓人眼睛一亮留下深刻印象。裝扮不可叛逆怪異，避免惹人反感。

三是人緣好，謙虛有禮、低調有度量。做人成功時處處受歡迎，得人助力。反之則時刻受人掣肘杯葛，寸步難行。

鄭天惠授業，不僅僅是演藝技巧的功夫，還教授做人的道理。

現在鄭天惠帶領一班後起之秀的藝人組成合唱團，由經紀人安排至世界各大城市巡迴演出。看樣子，鄭天惠還得忙上好一陣子呢。

翟翟

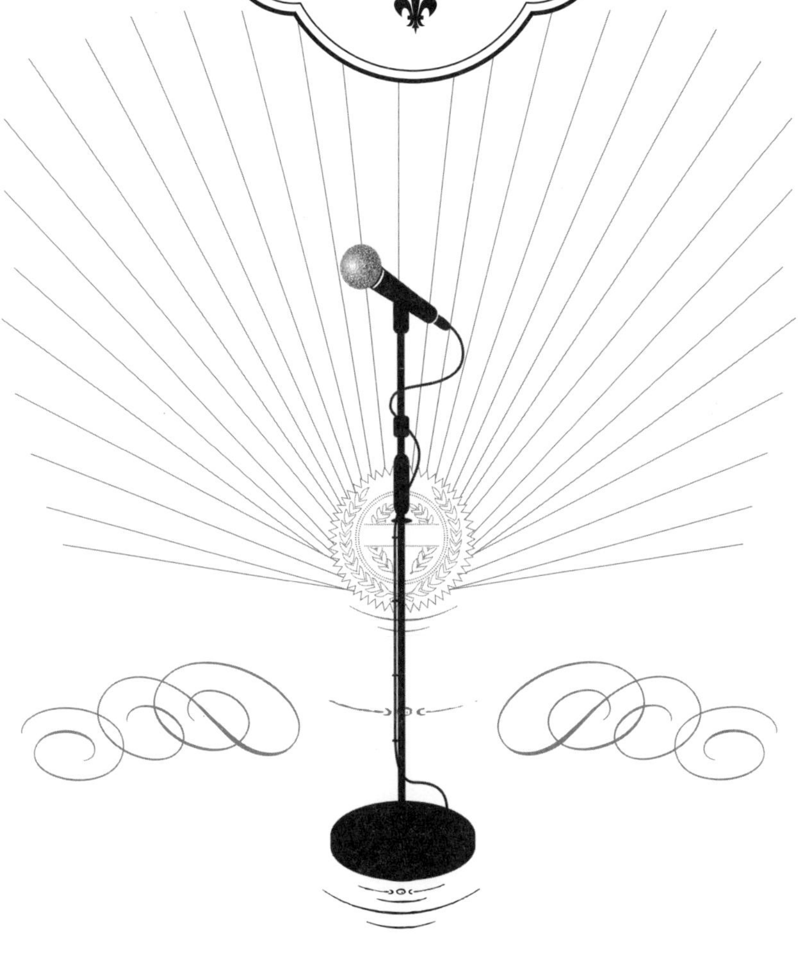

翟翟

抒情歌后

翟翟是個以唱歌為終生志業的歌手，擅長藝術歌曲與抒情歌曲，圈內人封為「抒情歌后」，在西門町演唱逾三十年擁有無數歌迷，迄今屹立不搖。

歌星們拋頭露面登台演唱的緣由有千百種，各有各的故事與際遇，翟翟唱歌純粹是因為興趣，喜歡唱歌將歡樂帶給大家。一般人的興趣大都是在繁忙緊湊的工作之餘利用難得短暫的休假時間調劑身心，以紓解長時間工作時緊繃的情緒與壓力。翟翟卻幸運地興趣即是工作，工作即是興趣，樂在其中，從來不覺得有疲倦勞累的時候，每天樂此不疲地唱歌趕場、練唱、合唱。

能夠唱歌，翟翟就快樂。如果有人邀約，不論是西餐廳、夜總會、工地秀、公演、義演、慈善活動、勞軍活動、婚宴慶典，只要抽得出時間就一定去共襄盛舉。不論有無酬勞，也不問車馬費多少，都無所謂啦！尤其是義演、勞軍、慈善晚會的場合，翟翟覺得雖然沒有捐款贊助，幫不上大忙，但至少現身獻聲捧人場總是必須要的。

翟翟在西門町演出多年，錢賺得不是很多，但是結交了許多志同道合的好朋友，也掙得好名聲。不論景氣好壞賺多賺少，黃金時段或冷門時段，從不計較也不比較。這種豁達開朗的態度折服了許多人，大家都喜歡她，樂於親近她與之結交。

翟翟喜歡唱歌也不吝於展現自己的歌喉，與大家同歡同樂。翟翟承認自己不懂流行歌曲，不習慣那樣的曲調更不知其音律傳達什麼訊息，表達什麼意思？對於自己不懂不了解的事物，翟翟不願置評，但她認為那些自己不了解卻能大肆流行的歌曲必定有其時代意義，也定有其存在的價值。

說起歌星生涯中與賓客交流互動的心得，翟翟認為在她曾經駐唱過的幾家西餐廳中（白金、白宮、鳳凰、金銀財寶）所遇見所認識的賓客群都是氣質極佳的紳士。不論其為高官、富商或平民百姓，所展現的品流氣質在在令她激賞尊敬。人與人間的交流並不是依外貌穿著來決定，而是由彼此互動的過程中，其言行舉止所留給對方的印象來決定。

簡言之即是風度、氣度與高度決定了人際關係的良窳。

其實人際關係是放諸四海皆準的行為準則，各行各業皆然，都是先做人後做事，先交朋友後做生意，翟翟這麼說。

翟翟頗為懷念過去的老客人，有多位特立獨行、品味孤高的賓客，十足英國紳士的派頭，令翟翟印象深刻。

有位男士姓名年籍不詳，人稱「白馬王子」，每天穿著一塵不染、整套白色的西裝西褲，戴著一頂紅帽，手提一台錄音機來聽歌。進入大廳就坐在前方第一排的座位上，將錄音機放在舞台的邊緣，錄下每位歌星所唱歌曲。俟錄到相當數量的歌曲，便依不同歌星，分別將歌曲燒錄成光碟後帶至歌廳分送給各該歌星。白馬王子樂此不疲的聽歌、燒錄光碟長達十數年，純係樂趣，也不會藉機與歌星們東拉西扯套交情拉關係，十足的英國紳士風度，贏得所有歌星的讚嘆激賞！

另外一位男士的外號也是白馬王子，同樣是每天一套白色畢挺的西裝，進入餐廳後便找個靠近舞台的座位入座，專注的聽歌，每位歌星唱罷必然用力鼓掌表達對歌星的鼓勵與肯定，一個誠摯的掌聲表達了內心的千言萬語。

會讓歌星感到壓力的賓客也所在多有，葉大哥就是。

葉大哥通常坐在第一排的座位，台上的歌星演唱時，葉大哥就開始閉目養神，一邊點著頭，彷彿是打瞌睡。其實，葉大哥正專注的聽著歌，是隨著音樂的節奏而點頭打拍子，就這麼從開場到散場，葉大哥才睜開雙眼，心滿意足地起身離去。偶爾也會有例外的時候，就是當歌星演唱的節拍有誤或忘詞，葉大哥才會張開雙眼盯著台上歌星，以眼神示意，然後台上台下相視對看，會心一笑。

通常一年之中只有除夕夜與春節初一才會短暫休息二、三個小時，讓歌星可以吃頓年夜飯，然後就如平日那樣，晚上七時起正常營業。當然春節期間的演出是精心擘劃非常精彩的特別節目。

某年夏天颱風頻繁來襲，西餐廳老闆考慮是否該放假。颱風天風強雨驟市區淹水，如果西餐廳在這惡劣的天氣下照舊營業，對旗下歌星與賓客的出行都是一個風險。

這個時候老闆或歌星的電話就會響起，這裡所說的老闆泛指所有歌廳與西餐廳老闆，都有在颱風天接過不同客人打電話來的經驗。客人在颱風天打電話來幹嘛？原來各家西餐廳都有各自忠實的粉絲，各位歌星也有自己忠實的聽眾、賓客。平日裡，賓客、歌迷們就把西餐廳當做聚會、聯誼、碰面的場所，在此與同事、朋友、袍澤相聚，或敘舊情或話家常或交換（家鄉或返鄉）情報。整個西門町就是一個同鄉、同事、朋友、袍澤、失聯親友的聚集聚點，尤其是單身未婚的退休軍公教人士，欲探聽大陸家鄉的消息，尋找失聯的親友、慶生聚會等事都可在西餐廳進行、舉行。可以說西門町這個區域內的各家西餐廳其實就是那個時代的許多在職或退休的軍公教人士、單身未婚人士、隨國民政府播遷來台外省籍人士等的第二個家。平時大家習慣在餐廳聚會碰頭，有事沒事都在西門町跑，大夥聚在一起，就是開心。至於回家後獨自面對滿屋子的冷清淒涼那也是必須承受的煎熬。

那個年代沒人教你「如何面對寂寞」、「如何應付孤獨」或什麼「孤獨寂寞是人生必經之路」、「學會獨處」這一類新思潮新學說。單身人士回到家，無邊無際的孤獨寥落、飄零浮萍的感覺瞬間襲上心頭，這漫漫長夜要如何度過？身心的歸屬感渺茫杳然，怎生一個愁字了得？所以大家都喜歡往西門町跑，彼此慰藉鼓勵、團抱取暖。現在颱風來了，涼風瑟瑟霪雨綿綿，街上行人少店家歇業多，如果窩在家裡要如何消磨這令人心煩意躁的颱風天？面對冷冰冰的四壁，如何打發這無聊苦悶的一天？於是在這種情況這種心境下，就會有許多人，包括不同的粉絲族群會不約而同地打電話給西餐廳老闆或歌星，要求颱風天照常營業，歌星們接到電話也會將賓客歌迷的要求轉達給老闆。人心是肉做的，各家餐廳的老闆接到電話後的反應幾乎都是一致的感動。老闆們與歌星們面對客人的要求，一方面感謝客人的捧場支持，一方面也心疼這些多數是孤家寡人，沒有歸屬感沒有歸宿的長輩們在風雨天罕有去處，便就都無怨無悔義無反顧地頂著強風迎著暴雨趕至公司盛裝登台，與叔叔伯伯們在風雨中共進退。

翟翟在西餐廳演唱近三十年，曾與許多歌星共事，見識了個別不同歌星非凡的本領。

某位歌星與翟翟同事十年，十年之間翟翟只聽這位歌星唱過十支歌曲，沒聽她唱過這十隻歌曲之外的其他歌曲。奇怪的是，她卻很受叔叔伯伯的歡迎，與這些長輩們熱絡得不得了！翟翟私下自忖，自己歌藝不差，所唱歌曲既多元又豐富，面對所有熟與不熟，識與不識的賓客們也是笑臉盈盈，該有的禮節都沒疏漏過卻不似這位歌星如魚得水般的活躍。翟翟細心觀察、揣摩良久，終於悟出些許門道。

原來，這位歌星擅長撒嬌嬌嗔，在談笑風生間似嬌似嗔半嗔半嬌，長輩們也將此視為女兒、晚輩對父親的撒嬌，彼此都很自在從容，沒有矯揉造作，也毫無疏離隔閡的違和感覺。而且她細膩貼心不時主動致電噓寒問暖，讓長輩們從心底感受到溫暖、窩心。自然而然地他成為歌星中另一種類型的典範。

另外一位歌星青春貌美歌藝不俗，風評形象佳，內在亦了得，具高瞻遠矚眼光。在西餐廳演出期間即持續自我進修，提升音律聲樂的實力。俟其音樂相關之功力皆精進、大有進境之後，開始在社區大學或救國團所舉辦之音樂教室授課，講授音樂聲樂之演唱技巧並兼及台風儀態等課程，大受學員歡迎，並已成為當紅名師，聲名大噪。現在這位歌星已淡出歌壇，專注於傳道授業，平穩地走在自己所開闢出的另外一條人生康莊大道上。

翟翟讚譽道：這些姐妹們之所以能成功左右逢源，並非神通廣大、上蒼眷顧，也不是僥倖或偶然的，而是都經過一番澈骨的風寒與努力，所謂人前風光背後辛酸，其實都隱藏著無數的辛苦與淚水。

迄今，有些姐妹們仍堅守在崗位上為演藝事業努力、為歌唱界的明天盡一份心力。有些姐妹們已退休含飴養老，有些姐妹們則轉戰其他戰場，做得有聲有色斐然有成。不論姐妹們身在何方，翟翟都寄予深深的祝福，祈願她們健康快樂。

當然，翟翟最放心不下的還是那些曾經給予自己照顧、疼惜的長輩賓客們，這些年來翟翟與姐妹們也送走了不少，至於那些臥病在床或已經沒有體力精力來聽歌的叔伯長輩們，翟翟與姐妹們也會盡量抽出時間去探望他們，如果抽不出時間，至少也會致電關心問候，對於他們，翟翟也同樣獻上自己的祝福與感恩，祈禱大家都健康平安。

現在翟翟依然活躍在歌唱崗位上，持續將快樂與歡笑帶給大家，也堅持傳唱一貫以來所執著的藝術歌曲與抒情歌曲。

潘貝

潘貝

正面清純形象紅遍東南亞

潘貝在小學的時候便因嗓音好被選入合唱團，接受音樂老師指導歌唱的技巧，從此便喜歡上了音樂與抒情歌曲，無論中、日、台、英語歌曲只要旋律優美音韻動人，潘貝都喜歡聽也喜歡學著唱。

高中畢業後，潘貝離開宜蘭老家上台北就讀夜大。白天在一家大型電器行當會計，自給自足，就這樣開始半工半讀的日子。

小女生長大了開始有夢想，也會幻想自己的未來，自己的人生。她絕未想到，在她未來的人生裡所創造、獲得的殊榮遠遠超出自己的想像與期盼。

上蒼絕不會辜負每個人所下的功夫、所做的努力、所流的汗水，必然會在某一天某個時刻發揮作用，加倍回報你當初的付出。

潘貝在半工半讀的日子裡就開始自我要求言行舉止像個名媛淑女，並尋找能為自己的人生「加分」的方法。每月領到的薪水，除了必要開支，其餘的錢都積攢起來。存到一定的數目就去模特兒訓練班學美姿美儀。潘貝自知容貌一般身材普通，不奢望學成後會走秀成名，學習美姿美儀旨在改進身型儀態，變化氣質而已。潘貝繼續存錢，學完美姿美儀便又報名歌唱訓練班學習唱腔、換氣、樂理，接著又陸續報名學了插花、古箏、吉他、日語、烹飪等課程，如此這般雜七雜八地學習了一堆不知道日後有用還是沒用的課程。

人生就是這樣，沒有人能夠未卜先知預測吉凶禍福，但是可以預做最好的準備，最壞的打算。

民國六十七年新聞局頒布「演藝事業暨演藝人輔導管理規則」，規定領有「演員歌星證」的藝人方可公開演出。依規定報考「演員歌星證」

的過程頗為複雜繁瑣，潘貝也去報考，前面幾道程序不難，一一過關，僅剩最後階段的實際公開演出（實務經驗）難度較高，是應考人必須在領有執照的夜總會、歌廳、餐廳等公開表演場所「實習」，確實在舞台上公開演出十天之後，經該營業場所認可並且開立證明蓋章之後，方可持此證明向各該管轄縣市之教育局申請核發「演員歌星證」。新聞局此舉立意良善，其用意在於強化對演藝事業之管理，並提升演藝人員的專業水準，並無其他政治性目的，只是申請報考演員歌星證的步驟過於繁瑣冗長，既耗時又費工，致報考人叫苦不迭。

潘貝在報考演員歌星證的最後階段至「蓬萊閣餐廳」實習，實際登台演唱十天，取得餐廳開立的證明書後加入「演藝人員公會」成為會員，才拿到台北市政府教育局所領發的「演員歌星證」，正式獲得藝人資格。有了「演員歌星證」意味潘貝的歌藝被認可肯定，已具備專業水準，可以在國內外的公開場所演出。當時內政部出入境管理局的規定是：藝人持有「演員歌星證」方可憑證訂購機票，申請出境。而外國的夜總會、大歌廳也只邀請持有「演員歌星證」的藝人前往演出。

潘貝考取演員歌星證後心懷感激地向「蓬萊閣餐廳」老闆辭行，謝謝老闆給自己機會得以在蓬萊閣實習並見識到如此的氣勢排場，又見識到許多社會名流賢達的風采與氣度，提升了自己的眼界層次，這是金錢買不到的經驗與歷練，也謝謝這段日子裡其他各位同事、工作人員的指導關照。

不料老闆卻開口挽留潘貝，邀請潘貝留下來加入蓬萊閣餐廳的演唱團隊。受到老闆青睞欣賞，潘貝懷著驚喜又惴惴不安的心情誠惶誠恐地在蓬萊閣餐廳駐唱。（所謂駐唱是指在簽約的歌廳、夜總會、餐廳等表演場所長期固定演出，並在同一場次內演出較長時間，擔綱節目主軸演出。）唱沒多久，老闆指定潘貝擔任節目主持人，掌控演出現場氣氛並且全程串場演出，成為節目的靈魂人物，並協助老闆處理一些節目相關庶務，成為老闆得力助手。

潘貝回到原任職的電器行向老闆娘辭行，謝謝老闆夫婦這段日子以來對自己的教導關照。老闆娘好不容易才找到一個信任可靠又負責的會計，每天上百萬的現金進出從沒短少一毛錢，讓自己在工作上輕鬆多了，想不到她竟要辭職了。老闆娘一再慰留，最後告訴潘貝如果在外面工作不習慣不適應的話，歡迎隨時回來。這是潘貝這輩子唯一一次辜負別人的情意，一直心懷愧疚，難以忘懷。

潘貝在蓬萊閣餐廳做了兩年多，跟老闆夫妻也熟了，一天，老闆告訴潘貝當初留用她的原因。當初潘貝去蓬萊閣實習報到的時候一臉素顏連口紅都沒擦，頂著清湯掛麵的髮型，露出呵呵傻笑的表情，閱人無數的老闆一眼看出這小女生不曾被社會大染缸所污染，是個尚未沾染不良習氣的人。潘貝講話時，兩眼定定地盯著對方的臉，眼神不曾四下飄移，眼珠也沒咕碌轉動，專心致志地看著對方，這表示她不是陰險奸詐或心機深重之人，相反地，可能還有些固執、刻板、憨厚、傻氣。最重要的是潘貝的身材上短下長，老闆略懂相人之術，大凡上半身較長、下半身短的人，一般都慵懶散漫欠缺責任心，而下半身頎長者，泰半勤奮積極，做事有效率。所以在潘貝報到當下，老闆即決定在潘貝實習期滿後予以留用並栽培她。

潘貝在蓬萊閣做的很順利，每天忠心耿耿的做好分內之事，休假時就回宜蘭老家探望父母家人，拿錢孝敬媽媽，要不就帶著伴手禮回電器行探訪老闆夫婦與同事，一敘舊情。

這時期餐廳秀已經興起（一九七八——九八七年），豐富多元的表演節目吸走了多數人的眼光，開業的餐廳秀業者月有所增，演出的藝人無法瞬間大量增多，數量明顯欠缺不足，業者四處搜尋網羅藝人以充實表演內容，就這樣，在蓬萊閣餐廳表現出色的潘貝被強力挖角，在台北、台中幾個餐廳秀的秀場間跑場演出。此時的潘貝在業界已具有相當知名度，台風穩健主持得宜又能掌握全場氣氛，許多大型豪華秀場都指名要潘貝擔綱主持重任並參與演出貫串全場。

如此這般奔波演出近三年後，潘貝開始了短暫的餐廳秀「義工」生涯。所謂「義工」是潘貝自我解嘲的說法，在餐廳秀最盛時期，家家高朋滿座日進斗金，黑道兄弟開始介入餐廳秀的經營，包檔包秀包贏不包輸，大發利市大發其財。之前潘貝在秀場演出均有收到酬勞，但後來幾次演出卻收到芭樂票，空忙一場做了義工。潘貝很豁達，體諒迌迌人浪蕩江湖饑飽不定的苦楚，也同情業者身不由己的辛酸，只是潘貝自身也要吃飯生存，也有需要照顧的人，於是在履行完畢餐廳秀的經紀約之後，揮一揮衣袖，不帶走一片雲彩，離開這個餐廳秀的圈子，出國演唱去了。

潘貝於民國七十五年開始應邀出國演唱，足跡遍及星、馬、泰、印尼、菲律賓等東南亞國家，每到異國的夜總會，大歌廳演出時，均受到熱烈歡迎與崇隆的禮遇接待，所到之處就是票房保證，場場爆滿欲罷不能，每每被要求留檔（增加檔次演出），所以潘貝每半年才能回國一次。

潘貝是個心胸開闊熱心腸的人，從來不吝嗇將好處或利益與好朋友分享。她在東南亞國家演出期間，察覺來自台灣的歌星深受東南亞各國華僑歡迎喜愛，台灣歌星只要肯努力，敬業認真的演出必定名利雙收。於是潘貝便熱心的將姐妹們一批一批的帶到國外演出，並毫無保留的傾囊傳授自己的經驗與各該國家的潛規則。這些由潘貝介紹引薦來到東南亞國家演出的姐妹們，都很爭氣，表現甚佳，有些姐妹名利雙收載譽歸國，有些姐妹落地生根嫁給了當地僑領富室成為少奶奶，整個人生完全翻轉。

潘貝在各國演唱，各國的名產、食品就成了回國休假時拜訪老東家與親友的最佳伴手禮。十數年過去，潘貝原任職的電器行老闆夫妻與蓬萊閣老闆夫妻皆已退休，每次潘貝回國休假前去探望他（她）們時，都高高興興地把潘貝當做歸寧的女兒般接待，賓主促膝談心必至盡興而散。

潘貝在攀上演藝事業的高峰後仍然軫念舊情，珍惜昔日照顧提攜自己的恩人貴人，這種飲水思源不忘本的情操令人激賞敬佩。而其古道熱腸無私無我的引領姐妹們至東南亞國家演出，不擔心被姐妹搶了風采也不擔心影響自己演出機會，這樣的胸襟度量著實令人驚嘆推崇。潘貝的所作所為在人情淡薄世風日下的現實社會裡，尤其顯得珍貴，她所做的正是目前社會所最欠缺，正在消失的東西。潘貝謙虛的說，自己的做人處世之道，很大部分是從雍容大度，重情義又不計較的王少卿、林彥君二位姐妹身上學來的，她們二位在人際關係上的胸襟度量，才是值得學習的典範。

一九九七年七月亞洲金融風暴爆發，泰國首當其衝，瞬間即席捲亞洲大多數國家，印尼、馬來西亞、菲律賓、韓國、新加坡、香港等國家地區的貨幣、股票、基金、資產均大幅滑落，引發治安惡化、社會動蕩、政局不穩等連鎖反應，幾乎是美國一九二九年經濟大蕭條的慘狀再現。當時情況下在東南亞各國演唱的歌星們的酬勞便因當地幣值貶低而大幅縮水，再加上治安惡化，人身安全遭到威脅以及演出機會減少等不利因素，大家便紛紛打道回府束裝返國。潘貝鑒於各該國情勢不穩且演出情況及人身安全均有顧慮，也打包回國。

潘貝回國後稍作休息，便帶著小六的兒子隨行至全台各地巡迴演出，白天遊山玩水，晚間登台演唱，二年時間下來唱遍各地小型秀場、歌廳、西餐廳，也跟兒子玩遍各地名勝風景，這兩年的朝夕相處消除了母子二人多年的疏離感，轉化為濃濃的親情，是潘貝最大的收穫。

一九九九年九二一大地震之後，潘貝應王少卿（金宮西餐廳老闆）之邀前去演出。潘王二人在東南亞諸國演唱時即已熟識，說起來王少卿還是潘貝的前輩，也成名較早。由於潘貝演出經驗豐富見過大場面，台風穩健展現大將風範，因而贏得台下賓客熱烈掌聲。常客李書文（時為空軍上校軍銜）先生與他一群空軍袍澤鼓掌喝彩，認為潘貝的歌聲好聽，悠然嫻靜的氣質表現出大家閨秀的格局風範，實在是值回票價。在當時潘貝上台演唱較為內斂低調，穿著樸素、端莊、薄施胭脂，頭髮也沒有造型，一副小家碧玉的模樣，有些同事私下笑她像村姑、土包子，潘貝聽了戲謔之言也不以為意不放心上，照常登台演出。其實一個人的氣度格局是無法從裝扮穿著造型等外在來判讀的，而僅是面貌姣好或衣著考究也無法彰顯人的氣質內涵，必須從言談舉止應對進退方可窺得其人之堂奧。潘貝在意的是內在的修為教養而不是外表的炫目華麗。

沒多久「神仙窩」大歌廳送來合約書，挖角潘貝至「神仙窩」大歌廳，安排在黃金時段演出。

「國之賓」大歌廳自從民國五十年底開業以來，皆是由鄭祖光先生執掌兵符任總經理之職，民國六十六年起暫停營業整修內部之前的民國六十四年間，鄭祖光先生即在西門町分別開設了「神仙窩」與「六福」二間大歌廳，做為「國之賓」大歌廳整修期間過渡之用，以避免客人流失。鄭祖光先生在歌廳業界是位三頭六臂呼風喚雨的大亨級前輩，而其女公子鄭茵茵小姐克紹箕裘是知名紅歌星，無人不知。

民國七十五年間潘貝應邀至泰國演唱時，鄭祖光先生正好攜帶妻女同遊並考察當地各大夜總會、大歌廳，就在由潘貝擔綱駐唱演出的夜總會內與潘貝不期而遇。早在民國七十二年間，潘貝在台北市「喜臨門」夜總會

（中山堂對面）演唱時，鄭茵茵小姐是節目主持人，潘鄭二姝即已相識，此次鄭小姐陪同其尊翁前來考察夜總會，卻不期與舊識潘貝巧遇。二姝他鄉遇故知均欣喜非常，份外熱絡親切，鄭氏一門連續數日前去夜總會探望捧場，潘貝也予熱情接待。臨別時，鄭祖光先生握著潘貝的手，熱切並一再叮囑：潘貝小姐，妳回台灣的時候務必來西門町找我……。

潘貝回台，在西門町金宮西餐廳登台演出的消息傳遍圈內人，而「神仙窩」大歌廳挖角潘貝後，安排潘貝主唱黃金時段，給足了潘貝面子。潘貝也投桃報李使出渾身解數賣力搏命演出，拿出壓箱寶物，穿上在國外夜總會大歌廳演出時的正式禮服，又悉心的裝扮造型徹底改頭換面，如此一來潘貝就脫胎換骨，煥然一新，搖身一變成為一位高貴優雅雍容華貴的名媛貴婦，其神韻氣質風采就完全迥異於在「金宮」西餐廳演出時的模樣，一掃「村姑農婦」的土包子形象。之後歌廳界女大亨「四姑」也邀情潘貝前去新開業不久的「安迪」大歌廳主唱黃金時段的演出。直到此刻曾經嘲謔潘貝是「村姑農婦」、「土包子」的人才知道潘貝輝煌的歷史，知道潘貝過去在東南亞國家是天后級風雲人物。

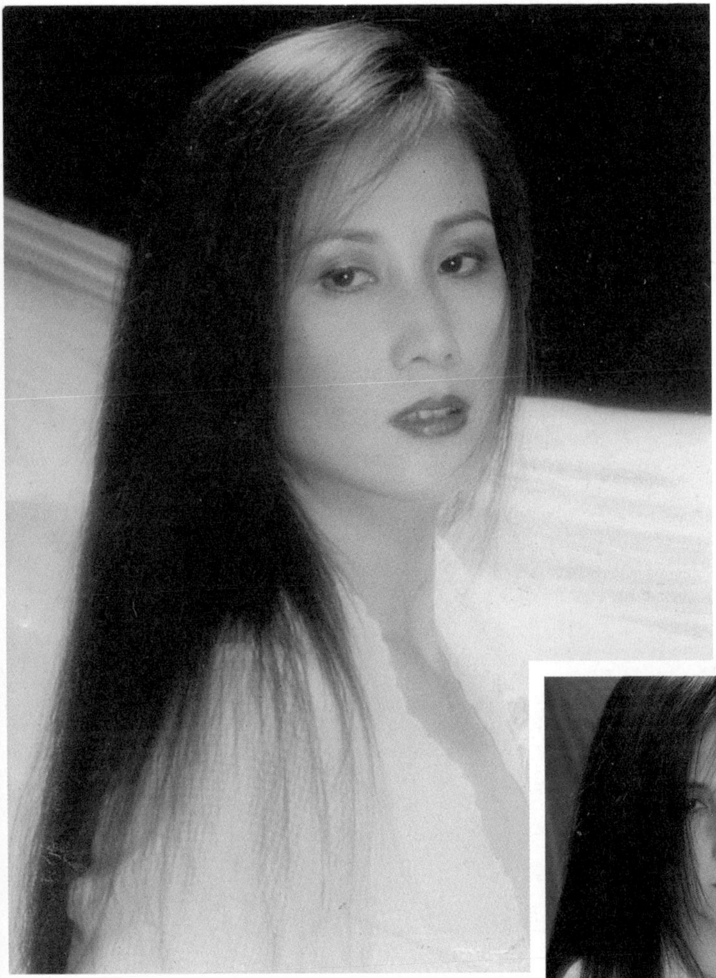

大約 28 歲時的沙龍照。

（以下照片均由名歌星潘貝提供。）

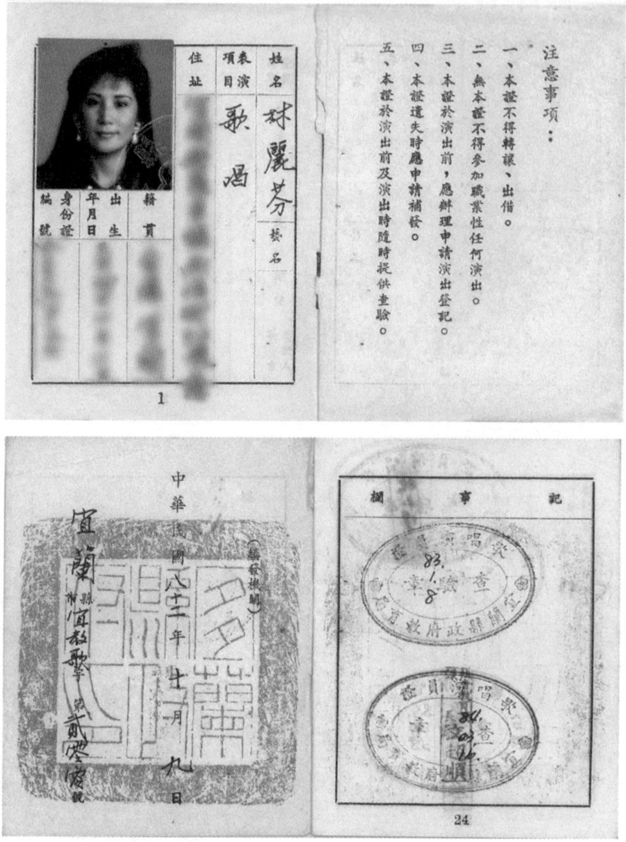
姓名 林麗芬 藝名
表演項目 歌唱
住址
籍貫
出生年月日
身份證編號
1

注意事項：
一、本證不得轉讓、出借。
二、無本證不得參加職業性任何演出。
三、本證於演出前，應辦理申請演出登記。
四、本證遺失時應申請補發。
五、本證於演出前及演出時隨時提供查驗。

中華民國八十二年十一月九日
（發證機關）
宜蘭縣市

記事欄
歌唱演員證 查驗 83.1.8 宜蘭縣政府教育局
24

潘貝的歌唱演員證與當時的表演紀錄。

馬來西亞夜總會，潘貝與自己的海報合照，大約 30 歲。

在泰國歌廳演出時的 DM，潘貝使用本名「林麗芬」。

在馬來西亞吉隆坡的第一皇宮夜總會，與香港歌星曾偉權的雙人秀演出 DM。

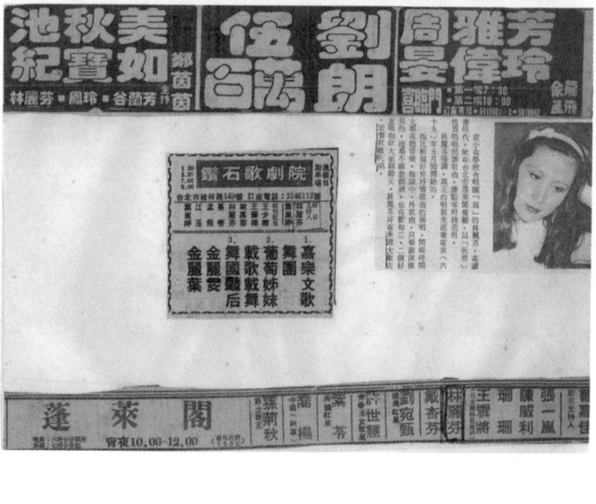

上圖：印尼的皇朝酒樓，是當時東南亞最大的酒樓，演出 DM 把潘貝的本名「林麗芬」誤植為「李麗芬」。

下圖：當年演出的報導與剪報收藏。

1986 年農曆新年在新加坡演出，DM 右下角為潘貝。

潘貝在印尼歌廳的演出，舞台十分華麗氣派。

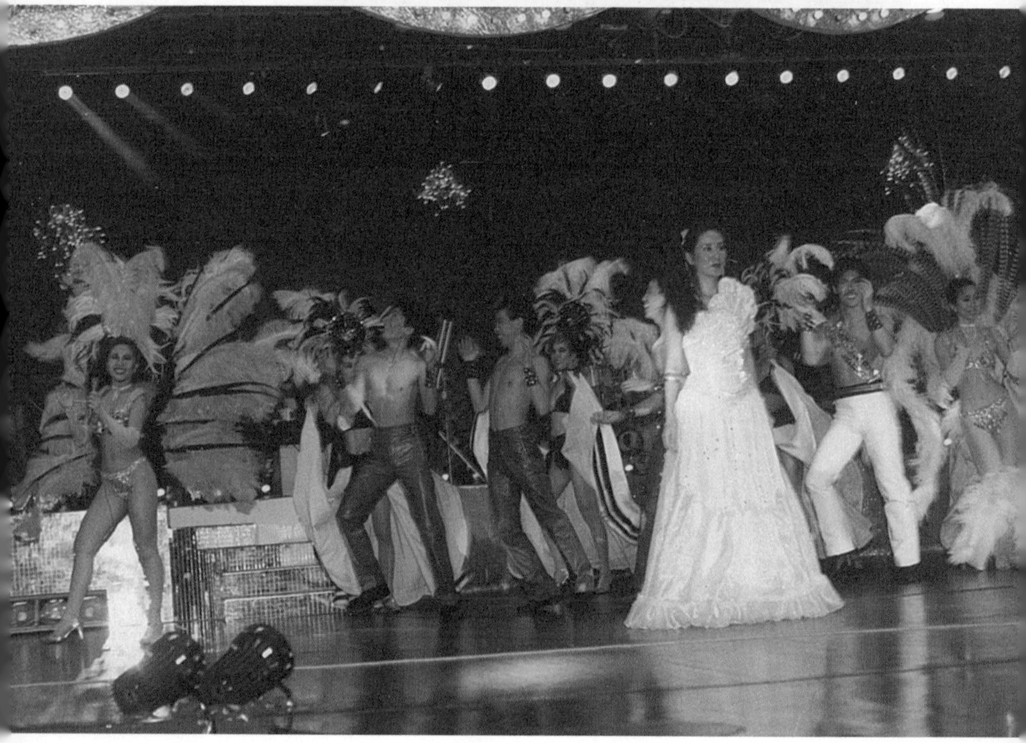

上圖：印尼歌廳，與來自不同國家的歌手一起演出。
下圖：在新加坡的直播節目擔任主持人，大約 29-30 歲左右。

上圖：在新加坡婚宴中演出，大約 29-30 歲左右。
下圖：印尼歌廳的表演，舞台下方往上看。

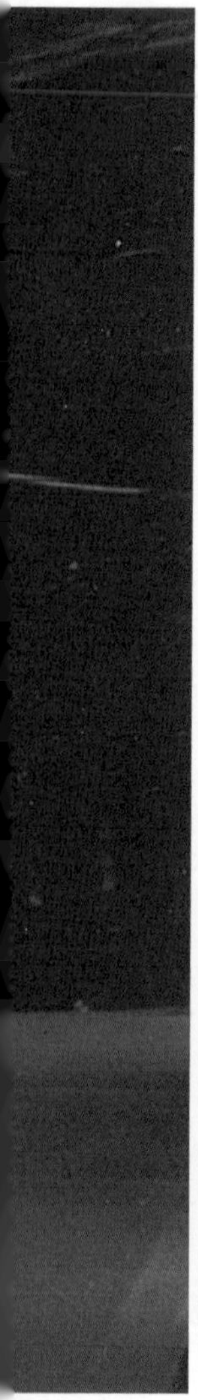

上圖：在台灣的漢聲歌廳表演，大約 2000 年。
下圖：聖誕節的藝妓扮相表演，約 2000 年左右。

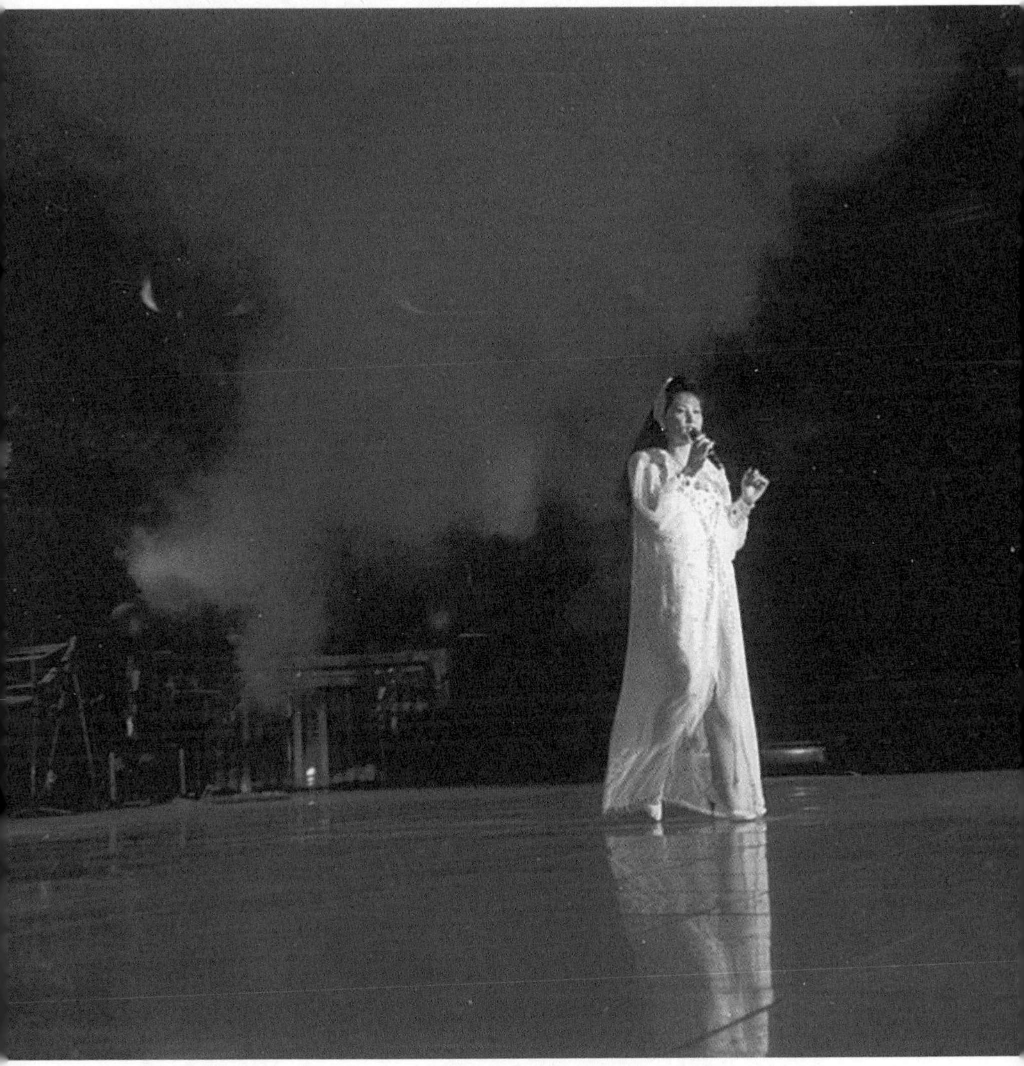

印尼歌廳演唱慢歌中，後面煙霧為乾冰。

上圖：潘貝在台灣漢聲歌廳演出後的側拍。
下圖：潘貝在印尼歌舞廳台下的照片，約 1980 年代。

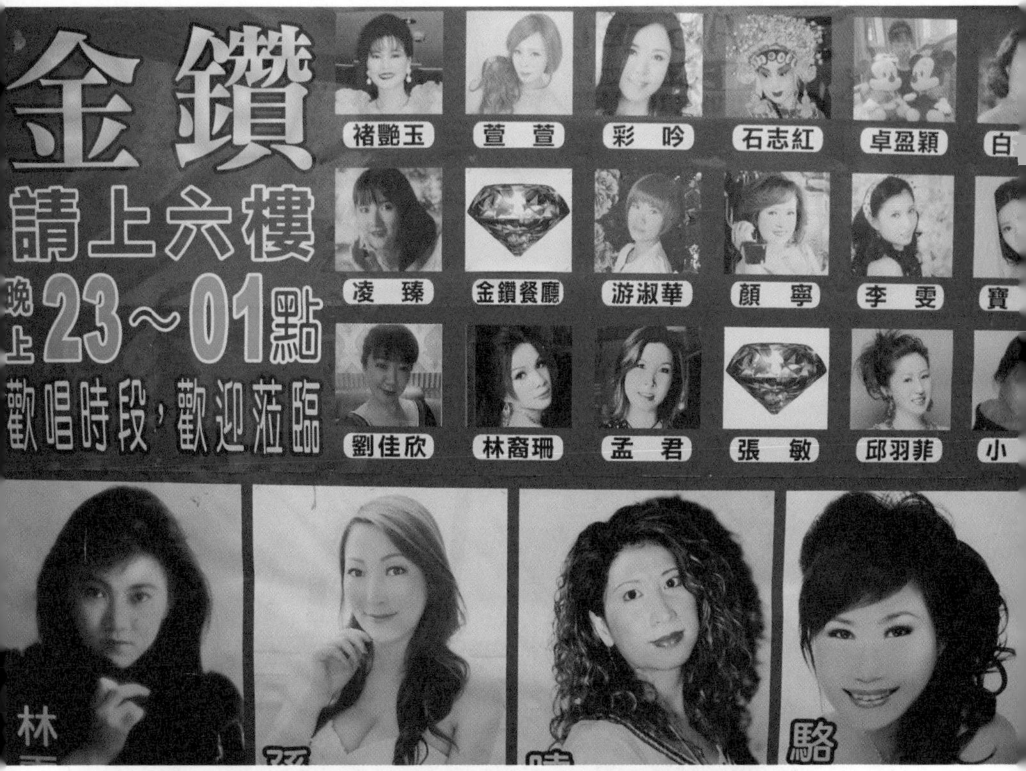

上圖：台北市漢中街的「金色年華大歌廳」廣告牆。
下圖：台北市漢中街上的「星光百分百大歌廳」招牌。
（林劭璜／攝影）

台北市漢中街的「金色年華大歌廳」廣告牆。
（林劭璜／攝影）

潘貝在西門町演出期間總是笑臉迎人親切和藹，沒有身段，不擺架子，十足的親民作風，很受到歌迷們的歡迎。時間久了也認識不少常來聽歌的歌迷粉絲們，有時便於演唱結束後約齊了多位叔叔伯伯們一同喝咖啡、聊天、聯絡感情。聽叔叔伯伯們講述年輕時「抗日」、「打共匪」、「轉進」（撤退逃命）等驚心動魄的往事，聽了許多戰場上出生入死，馬革裹屍的壯烈事蹟，潘貝由衷的對那些為國捐軀的烈士及眼前的叔叔伯伯們產生敬意，深深感激他們犧牲付出的偉大情操。

潘貝在西門町演唱期間，凡是有公益活動的義演邀約也是不落人後，盡量抽出時間共襄盛舉，遇有需要捐款贊助的場合就慷慨解囊毫無吝色。由於長期與伯伯叔叔們接觸交流，潘貝對於叔伯長輩們具有一份特殊情感，覺得部分退休軍公教長輩的生活條件不甚理想有待改善，她認為這些奉獻一輩子青春年華給國家社會的基層退休退役軍公教人士，政府相關部門應該加強照顧、增加福利，如果連這些曾經、也願意為國家社會鞠躬盡瘁的人都無法在暮年獲得妥善照料關懷，那麼，日後有誰願意為國家民族奉獻犧牲？所以在此前後潘貝曾積極地與歌廳姐妹們組團去榮民之家，探視慰問久未見面臥病在床的叔叔伯伯，送去溫暖與關懷，也多次與姐妹們一同出席告別式，給叔伯長輩送行，該有的禮數都做到，謝謝長輩們戎馬一生辛勞付出。

潘貝在西門町持續演出十數年之後，自覺芳華已逝、容顏已老，應該是讓賢給年輕後輩，讓新秀接棒發揮的時候了，便急流湧退回歸家庭，專心地回復家庭主婦的角色。

現在潘貝也沒閒著，家務之餘便研讀股票、基金、期貨等金融相關書籍，預備在另個戰場大顯身手。

錢愛真

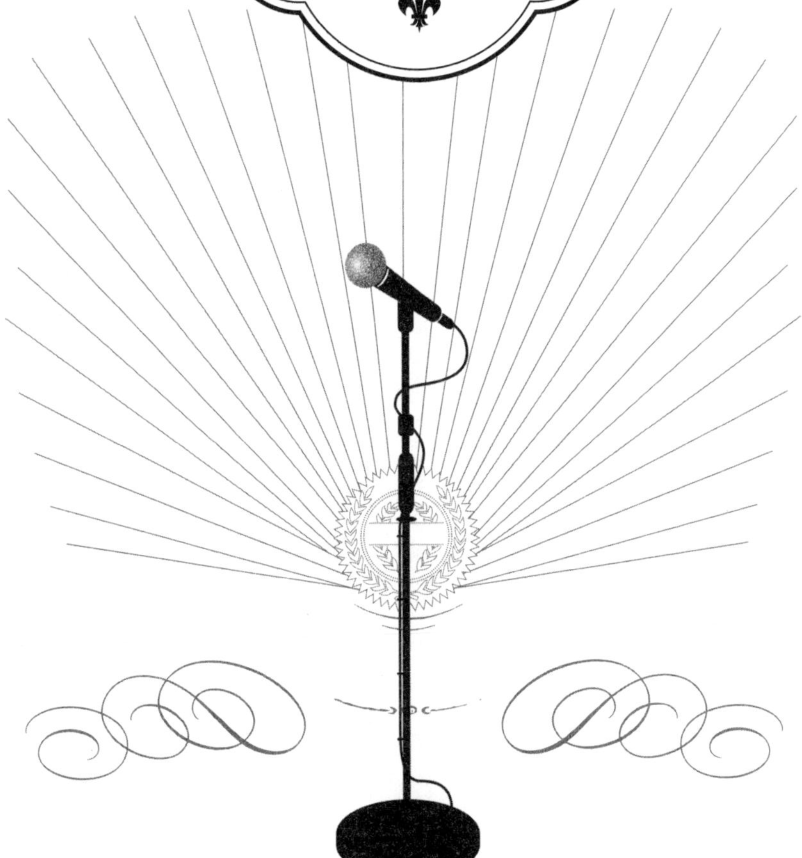

錢愛真

歌唱界的「阿信」

錢愛真自小愛唱歌，靠著聽收音機便無師自通地學會了許多台語歌曲，唱起來還真有那麼一股蒼涼滄桑的味道。就讀小學時音樂老師認為她是一塊值得雕琢的璞玉，便私下特別指導音樂課程，並派她代表學校參加全縣音樂比賽，雖因信心不足表現不甚理想，但學到臨場經驗也增強了膽識。

由於上面的姊姊出嫁得早，老家在彰化的錢愛真為助家計，國小剛畢業的年紀便北漂台北的餐廳打工，備極辛酸。十六歲那年閱報得知某處徵歌手便鼓起勇氣前去應試。面試時主考官聽了錢愛真清唱的歌曲後發現這小女孩音調準確又能唱出歌曲的韻味，是可造之材便安排錢愛真至喜臨門餐廳（中山堂對面）客串試唱，若表現佳，便予以留用。

但錢愛真卻臨時怯場以致錯失機會。幸好有位善心的琴師看出錢愛真的潛力，認為只要給她機會增加臨場經驗，假以時日必成大器，於是持續對錢愛真鼓勵打氣，又帶著錢愛真四處跑場客串。這麼過了一陣子之後琴師觀察錢愛真的表現已經可以「出師」了便介紹她去金龍酒店（後火車站之華陰街上）正式登台演唱，至此錢愛真才喘了一口氣，肩膀上所扛的經濟重擔總算稍獲得抒解了。琴師細心觀察錢愛真的言行，認為她淬勵奮發有上進心，能吃苦從不怨天尤人，便又介紹錢愛真至政府立案之補習班學歌唱、聲樂等進階課程，結業後又再介紹至「六福大歌廳」（台北市漢口街54號三樓）演唱。

命運之神彷彿與錢愛真作對似的，錢愛真在「六福大歌廳」僅演唱三個月，行政院新聞局頒佈新法令，規定演藝人員必須具備國中以上學歷方可取得在娛樂場所公開演出的資格。新法令頒布後不久，於民國六十七年十二月又有新規定：凡是演藝人員皆須通過考試取得「演員證」或「歌星證」之後方得公開演出，並且規定節目主持人必須高中以上學歷。

行政院新聞局對演藝人員的限制愈趨嚴格，限縮了演藝人員的活力也壓縮了演藝人員的生存空間，令許多演藝人員困擾、痛苦。

面對新法令的規定與挑戰，錢愛真拒絕向命運低頭，正面迎戰任何橫逆險阻，含淚咬牙、櫛風沐雨奔波於學校、歌唱訓練班、工作地點之間，日常開銷則省吃儉用精打細算勉強硬撐著。經過幾年的努力，終於在二十二歲那年一一克服了這些難關，錢愛真不但取得高中畢業的學歷也順利考取「歌星證」。有了歌星證，即是獲得政府認證的合格有品牌的歌星，錢愛真這些年來的辛酸苦楚也有了代價。

但是政府官員彷彿有意惡作劇，或者說，有意磨練演藝人員。就在錢愛真取得歌星證後不久，一九八一年三月，警政署放寬規定，西餐廳可設置舞台提供表演節目，在西餐廳演出之藝人無須繳驗歌星證，取消演藝人員必須取得「演員證」或「歌星證」方可公開演出的限制。此消息一出可真把大批為了學歷證書、歌星證，而披星戴月、風塵僕僕疲累到人仰馬翻的藝人們氣昏了。

政府主管機關的官員們在制定一個攸關百姓權益或生計的法令之前應該很周詳的考慮各種可能的情況，必須做到殫精竭慮審時度勢並體察民情，確認不會傷害百姓之後，才可公布施行，而不是坐在辦公桌前天馬行空不經大腦地想個餿主意鬼點子就草率制定法令規章然後公佈施行，最後整死一堆人，搞死一堆百姓，影響了許多人的生計。

仔細看看，演藝界天后白冰冰很早就出道，幼年時家貧，為生活所迫，也不具備什麼學歷證明或什麼證，照樣在演藝圈發光發熱，帶給大家快樂歡笑。

再說演唱界天后江蕙、江淑娜姊妹，也是小學尚未畢業就在「那卡西」演唱賺取生活費，迭獲滿堂彩。她們二位的歌藝與「學歷」何關？她們二位演唱的功力與「歌星證」何關？有差別嗎？

再舉豬哥亮與許不了二位演藝天王為例，他們二位的表現因為學歷的高低或演員證的有無而受影響嗎？他們的成就是因高學歷或證照而來的嗎？

錢愛真從這次新聞局朝令夕改一日三變的慘痛教訓中得到一個心得：必須隨時隨地精進自己的才藝，提升自己存活的能力，才能在突如其來的變局中立於不敗之地，倖存下來。

在西餐廳演出時，錢愛真認識了林夢梅小姐（知名藝人林美照的姊姊），二人相處融洽，建立起患難之交的姊妹情。在廿歲時（一九八二年），歌仔戲名角葉青小姐在華視籌組神仙歌仔戲團，招募團員，林夢梅就找錢愛真與其他幾位同在西餐廳演唱的歌手去幫忙演唱歌仔戲。初加入葉青的歌仔戲團演出時因經驗不足惟恐臨場演出時出錯，便先至錄音室錄音，俾於登台演出時配戲播放。後來登台經驗多了，信心增加了便捨棄錄音的步驟改為直接現場演唱。又由於係初入行，所以先客串些小角色，錢愛真依然敬業認真演出，內心充滿感激，珍惜每一個演出的機會。演唱了一陣子，只剩下錢愛真與另位留下繼續演唱。

這時錢愛真逐漸有了知名度。之後，錢愛真應邀赴日演唱，回台後發現餐廳秀正大行其道，駐唱歌星難有機會在大型夜總會與歌廳發揮的機會。原來，錢愛真在葉青歌仔戲團演唱歌仔戲的這三、四年間，新型態的餐廳秀已勃然而興，狄斯角、太陽城、寶馬劇場等大型歌廳場場爆滿，節目多元新鮮刺激，其他尚有數家娛樂表演的場地正蠢蠢欲動亦正重新裝潢將引進餐廳秀的營業方式。在這樣的大形勢大環境下，錢愛真這型純粹以演唱台語歌與日本歌的藝人真是有志難伸壯志難酬，空有一身好歌藝卻無處發揮。正在傷腦筋是否乾脆放棄在國內演出，專心轉戰國外歌唱市場如日本或東南亞地區的新加坡、馬來西亞、印尼、泰國等華僑眾多的國家。

正在舉棋不定的時候，有位好友相中錢愛真的歌喉與敬業認真的工作態度，推薦她至西門町的芳鄰西餐廳（成都路1號六樓，中華路口）駐唱。芳鄰西餐廳的樓下就是山海關大歌廳（成都路1號三樓），每天都有許多客人在芳鄰西餐廳用餐完畢後就進入山海關大歌廳聽歌，也有山海關大歌廳的工作人員、歌星、股東老闆在芳鄰西餐廳用餐，這些凡是在芳鄰用餐的客人都聽過錢愛真的歌聲，也都肯定她的歌藝與風采。就這樣，錢愛真在芳鄰西餐廳演唱一段時間之後，就受邀轉至山海關大歌廳演出，斷斷續續演出年餘。當時山海關大歌廳的客人幾乎全是外省籍的軍公教在職或退休人員，而錢愛真是中南部出生的本省姑娘鮮有機會聽到南腔北調的方言口音，有時聽得不太明白這些外省籍長輩的意思，加上錢愛真生性內向羞澀，更不易與這些叔伯們交流互動，錯失了許多與外省叔伯們親近接觸的機會，這是多年來錢愛真一直耿耿於懷的憾恨。

于鶯鶯老師與余文先生聽到錢愛真的錄音帶後大為激賞，推薦至金聲唱片公司（寶麗金唱片公司前身）。這期間葉青的歌仔戲團所屬的錄音室曾介紹吉馬唱片公司與錢愛真接洽，欲簽約五年，將錢愛真納為該公司基本歌星，予以力捧為紅星。錢愛真以五年時間太長變數甚多為由婉拒此議。後來吉馬唱片公司簽下陳小雲為基本歌星為其錄製多張唱片，不久，陳小雲所灌製唱片〈舞女〉一曲大為走紅，竟然紅到東南亞星、馬、泰、印尼、菲律賓等地，華人僑社人人朗朗上口至今傳唱不絕。為此，錢愛真扼腕不已！

其後金聲唱片公司與錢愛真簽約，一年發行二張唱片，負責在黃俊雄所製作的布袋戲裡配音。

當時宋楚瑜擔任新聞局長（一九七九年六月十四日—一九八四年八月二十四日），頒布法令，限制電視台播出台語歌曲的次數。與錢愛真同樣擅長台語歌曲的歌星們大受困擾，徒呼負負亦莫可奈何。

在這限制台語歌曲播出次數的前後，錢愛真受邀至警察廣播電台打歌時認識了邵叔叔。邵叔叔熱心的介紹錢愛真至西門町安迪西餐廳演唱，一段時間後轉至國之賓大歌廳登台，這時候才算正式開始歌唱生涯，直至民國八十九年離職。之後便至萬華某歌唱訓練班教授歌唱，五年後復出回歌廳演唱，唱了兩年感到疲累又休息五年，才再度復出。在休息的五年間，萬華龍山寺前的地下商場興起新型的歌廳，每人低消一百元，客人可依喜好致贈小紅包。由於消費低客人甚多，又是開放式演唱，未入座的客人亦可在座位區外佇立聽歌，歌星唱得好，場外客人亦可鼓掌喝采致贈小紅包。

這是真正的台上台下場內場外無距離打成一片，所以短期內即在同商場內開設六家類似的歌廳，間間爆滿，歌星與歌迷亦摩肩接踵川流不息的進出此類歌廳，幾乎超過西門町眾多西餐廳歌廳的風頭。

錢愛真應邀在這樣類型的歌廳唱了一陣子，收入不錯也跟歌迷打成一片，交了些好朋友，後來這類歌廳受到壓力紛紛歇業，錢愛真才又回到西門町的餐廳駐唱，迄今仍是最受歌迷歡迎的歌星之一。

綜觀錢愛真堅苦卓絕淬礪奮發的人生，足堪媲美在日本廣為傳誦的《阿信》的故事，令人敬佩讚嘆之外還有更多的心疼與不捨。

【後記】

本書緣起：許哥——聖誕老人

許哥是台北市人，戰後出生於望族之家。大學畢業後即赴日深造並逐步接手家族在台日二地的事業。學成歸國正式接棒後就戮力擴展事業版圖成為業界翹楚。由於「和化」太深之故，許哥待人接物總是彬彬有禮謙虛低調，一年四季穿戴整齊，十足的紳士風範又散發濃濃的日本風。

某次餐敘後，許哥應邀至西門町的紅包歌廳續攤，聽了整晚熟稔又動聽的國台語老歌，又拜睹了許多知名藝人的風采魅力，立刻就喜歡上這個環境。

當時在西門町各家歌廳登台演出的許多歌星，無論歌藝、唱功、身段、風采，個個都是實力派的演唱家、聲樂家，人人都是足堪獨當一面、夠格開辦演唱會的聲樂家、藝術家，沒有哪位歌星是倚靠裝扮、穿著造型等外在虛假噱頭哄騙聽歌賓客的視覺，而是紮紮實實以超群的歌藝歌喉及扣人心弦的歌聲征服廣大賓客的心靈。

積四十年商場的經驗及媒體的報導，許哥聽過也見過許多因金錢所引發的社會事件，深知懷璧其罪的道理，因而養成謹慎小心潔身自愛的個性，從不涉足風月場所也鮮少現身公眾場合以免成為歹徒覬覦的目標。許哥這晚在歌廳除了欣賞歌星的歌藝、風采之外，也仔細觀察其他賓客的情況，覺得賓客們很單純、風度教養俱佳，這是個安全無虞可以放心出入的場所。

許哥思前想後，最終仍然邀請二位閱歷豐富歷經大場面大風浪的老江湖陪伴自己去西門町聽歌。這二位友人，一位名喚周哥，在江湖上人面廣闊為人四海，另一位名喚小夏，足智多謀，是某外省社團軍師，長得斯文帥氣玉樹臨風，身邊圍繞一堆女人，自薦枕蓆以身相許者難以計數。

以後許哥周哥小夏三人即時常連袂到西門町聽歌，不數年間三人足跡踏遍西門町的大街小巷，聽遍西門町各家歌廳，也認識了許多歌星，了解業界生態與潛規則。而在此數年間，西門町的歌廳生態與大環境也正悄然產生變化。

首先是政府開放外省籍軍公教人士返回大陸探親後，原本時常來聽歌、將歌廳當做第二個家的外省籍賓客來客數銳減。新進西門町聽歌的大宗賓客已非開放探親之前的那個純粹來聽歌的族群，幾乎是大換血般換了一批較為年輕、中壯年族群。其次是歌廳開始採用業績責任制度。純粹為聽歌而來的外省籍賓客數銳減已讓歌星覺得「知音少，弦斷有誰聽？」（岳武穆〈小重山〉）而意興闌珊唱的不起勁。業績責任制更讓歌星覺得委屈難堪，自己是術業有專攻、備受崇敬的歌唱家、聲樂家，怎麼變成必須和顏悅色陪笑臉的地步？而且某些八卦型雜誌報刊不懷好意地報導歌廳界的所謂「內幕」、「傳聞」、「秘辛」等消息，臧否圈內人的私德，造成業界困擾。在權衡業績、尊嚴、與名譽之後，部份歌星選擇退場，淡出這個圈子另謀發展或乾脆退休、退隱。

選擇離開、掛冠求去的歌星日益增多，歌廳老闆顧不上歌藝唱功、歌喉台風等舞台演出的基本條件，便急就章地聘用資歷較淺經驗尚不甚豐富之新人代班演出，權充是歌手充個場面，業界於此時開始引進大陸籍歌手駐廳演唱。這批新進歌手的特點是年輕貌美、活潑外向、開朗大方。雖然歌藝唱功還有很大的進步空間，但是交際手腕很高明，與賓客們交流互動很有一套，業績呱呱叫。老闆對歌手的歌藝不挑剔，新來後到的賓客也不是純然為聽歌而來，就這樣後浪推前浪的情況下，年輕貌美的歌手，能創造亮麗業績的歌手群成為西門町歌廳界的主流，聲勢浩大驚人。

許哥久經商場閱歷豐富，金錢觀豁達放得開，聽歌時，凡是前來問候招呼的歌手不論熟識與否均贈予紅包一個，服務人員亦有小費，出手絕不寒酸小氣，博得「聖誕老人」之稱號。

周哥與小夏眼看許哥在歌廳花費太氾濫，便提醒許哥「節制些」云云。

許哥答曰：「我的家人都在國外，偌大的房子空空蕩蕩冷冷清清，無邊無際的空虛寂寞包圍著我。在這裡（歌廳），這些女孩子圍繞在我身邊，大家有說有笑熱熱鬧鬧的氣氛，讓我不覺得孤單。不論她們是真心真意，還是虛情假意，都很有職業道德的表現出有情有意熱情誠懇的態度與我互動。我不是傻瓜，當然知道她們的歌藝欠佳，但是我不苛求她們的歌藝歌聲，我在意的是那種感覺，那種氣氛。再說，她們拋頭露面出來工作，要與賓客交流互動，如果運氣不佳遇到『豬哥』型的客人佔便宜吃豆腐也只能忍氣吞聲，實在是難為她們了。」

許哥喝了一口咖啡繼續說道：「這些歌手願意出來工作賺錢，不靠父母親，又把歡笑帶給大家，我們就應該心存敬意，感激她們，不要挑剔也不要計較。而且部份歌手的背後都有一段辛酸的故事，這些年來我們都聽了一些：有的歌手被甜言蜜語欺騙後未婚生子，男人卻消失不見了。有的是單親媽媽，丈夫賭光家產又負債累累，只得離婚獨力撫養子女。還有陸配○○與△△嫁來台灣生活後才知道丈夫是無賴，遊手好閒不務正業又拈花惹草，無奈只得含辛茹苦負擔家計。其他還有哪些故事我就不說了。這些遭逢不幸的女性都是我們的姐妹，我是以哀矜勿喜的同理心來理解她們身不由己的處境，在不傷及她們自尊的情況下不著痕跡地借著紅包給予她們支持照顧，鼓舞她們的精神士氣，讓她們感受到社會有溫暖、她們並不孤單，讓她們對未來充滿希望充滿信心。這個話題稍嫌沉重，卻是我的真心話……。」周夏二人聽完方才恍然大悟許哥在歌廳充當聖誕老人的原因，不禁心有戚戚焉。

我與許哥是舊識，有幾年在滬經商，定期回台省親。每次回台與許哥聚首，許哥必設宴款待並延請至西門町聽歌，同席必有周夏與歌手若干人共餐，大家歡聚一桌無所不談，幾年間因此認識多名歌手，聽聞並熟諳歌廳界圈內之事。

無論什麼道聽塗說或馬路消息，許哥絕不轉述，偶遇傳聞之當事人或同桌同席亦絕口不提或求證原委真偽。時光流轉，不論其為謠言傳聞或確有其事均逐漸沉寂隨風而逝，讓喧囂混亂的塵世復歸清靜祥和的淨土。

某日許哥約我及友人在成都路「南美咖啡」偶遇民俗學者某君，寒暄過後某君嘆曰，本欲田野調查並採風記錄紅包場歌廳演義故事俾為反共抗俄之大時代留註雪泥鴻爪卻不得其門而入屢屢碰壁迭遭歌星歌手婉拒……云云，言下不勝惋惜之意。

許哥聞言為歌星與歌廳辯白曰：「邇來坊間某些雜誌報刊未經查證即輕率以偏頗立場及有色眼光報導歌廳界相關傳聞。尤其某暢銷八卦雜誌最為擅長誇大渲染情色腥羶之緋聞，往往藉題發揮、炒作空穴來風之情節。此類報導之內文充斥抹黑、中傷之歧視性語言，不惟敗人名節又污名化歌廳界整體型象，猶有甚者，此等不入流之八卦媒體雜誌食髓知味，竟然再三揑造炮製同類題材，醜化正派經營之歌廳如銷魂之溫柔鄉，影射獻唱之藝人如坐檯陪侍之煙花女子，彷彿是人盡可夫之淫蕩嬌娃，此舉導致向來奉公守法之歌廳業遭莫須有之污名化，而端莊矜持之歌星藝人無端蒙受不白之冤，實在令人髮指人神共憤。由於身受切膚之痛，歌廳業者視此類媒體之記者編輯為毒蛇猛獸，對其敬而遠之，拒絕、抵制一切採訪、訪談、訪問之活動，不問其為報刊雜誌之記者編輯或學術研究之學者專家，均一視同仁保持距離。」許哥說明來龍去脈前因後果。又說：「兄台立意良善，為了值得流傳後世之偉大時代記錄而親力親為田野調查、民俗採風之舉令人欽佩，不意反遭誤解為別有用心意欲『扒糞』、『揭人瘡疤』、『發人隱私』之鼠輩，著實冤枉揹了黑鍋。……」

民俗學者尷尬苦笑頻頻嘆氣搖頭。

歌星不願受訪，有關紅包場正面報導逐漸絕跡，非常可惜。在歌廳與歌星之間，有許多值得發揮或感人的題材，甚至可說是台灣重要的庶民生活史。例如老兵榮民為主的客群中，許多相互扶持相濡以沫的袍澤情誼，或是戰場上奮勇殺敵冒險犯難，或是歌星們熱情積極前線勞軍、慰勞榮家榮眷，或是報導歌星們無私奉獻犧牲參與公益活動義演義賣捐款的高貴情操，……太多可資報導表揚的故事了。這些值得大書特書擴大宣傳的正面新聞與社會光明面，不僅只是給歌廳歌星加分、提高知名度、美化形象，又給社會大眾做出良好示範，為社會增添溫馨祥和的幸福感，同時提醒政府高層更加關注退休軍公教的生活就養及老人退休後精神心靈方面的問題。報刊雜誌這樣做的話就創造了歌廳歌星、退休軍公教以及報刊雜誌三方都贏的局面，而報刊雜誌也必然獲得普遍的尊敬與讚揚，不惟公信力大為增加，也成為促進社會團結、和諧進步的推手。

其實自古以來的士紳階級，均負有神聖使命，在朝者的傳統是胸懷濟世救民福國淑世的理想，在野者則秉春秋之筆鍼砭國政匡正時弊，在朝為官者與在野為民者聯袂移風易俗扭轉乾坤，以富國利民造福人群為目標，而使天下臻於大同世界，如此士大夫、讀書人無愧於先聖先賢、無愧所讀聖賢之書。許哥所言八卦雜誌刊物撰文者以生花妙筆撰寫誨淫誨盜傷風敗俗的報導，受人敬重被視為國家棟樑社會清流之讀書人竟斯文掃地枉讀聖賢書，令人痛心不已。

我因之不揣固陋，以過往新聞系所學原則：不論是記者、編輯、學者、專家，當報導或撰述一個事件時均應堅守『如實報導事實真相』的原則。即不報喜不報憂，只報實——報導事實真相，既不夾敘夾議摻雜個人意見，也不受個人情感因素影響，以免模糊事件真相的態度，訪談寫作此書，留下一點記錄。

眾人依舊循著日常生活軌跡度日。陳水扁前總統下台後旋被收押下獄，許哥開始辦理移民外國手續。馬英九前總統堅持「油電雙漲」之後，物價狂飆全民罵翻，許哥悄然出國，音訊杳然，再也沒人見過他。

我想念許哥，懷念他的處世之道。

國家圖書館出版品預行編目資料

迴盪在西門町的歌聲——紅包歌星的故事 / 澤庵丁著；
-- 初版. -- 臺北市：聯合文學, 2020.6
216面；14.8×21公分. -- (繽紛；229)
ISBN 978-986-323-347-3(平裝)

1.歌星　2.臺灣傳記

783.32　109008005

繽紛 229

迴盪在西門町的歌聲
紅包歌星的故事

作　　者／澤庵丁
發 行 人／張寶琴

總 編 輯／周昭翡
主　　編／蕭仁豪
資深編輯／尹蓓芳
責任編輯／林劭璜
資深美編／戴榮芝
版權管理／蕭仁豪
業務部總經理／李文吉
行銷企劃／蔡昀庭
發行專員／簡聖峰
財 務 部／趙玉瑩
　　　　　韋秀英
人事行政組／李懷瑩

法律顧問／理律法律事務所
　　　　　陳長文律師、蔣大中律師

出 版 者／聯合文學出版社股份有限公司
地　　址／臺北市基隆路一段178號10樓
電　　話／（02）27666759轉5107
傳　　真／（02）27567914
郵撥帳號／17623526 聯合文學出版社股份有限公司
登 記 證／行政院新聞局局版臺業字第6109號
網　　址／http://unitas.udngroup.com.tw
　　　　　E-mail:unitas@udngroup.com.tw

印 刷 廠／禾耕彩色印刷事業股份有限公司
總 經 銷／聯合發行股份有限公司
地　　址／231臺北縣新店市寶橋路235巷6弄6號2樓
電　　話／(02) 29178022

出版日期／2020年6月　初版
定　　價／360元

ISBN 978-986-323-347-3（平裝）